《岭南文化书系》编委会名单

岭南文化书系

潮汕文化丛书

潮汕方言：潮人的精神家园

林伦伦　著

中国·广州

图书在版编目（CIP）数据

潮汕方言：潮人的精神家园/林伦伦著. —广州：暨南大学出版社，2012.6（2022.3 重印）
（岭南文化书系·潮汕文化丛书）
ISBN 978－7－5668－0139－5

Ⅰ.①潮… Ⅱ.①林… Ⅲ.①闽南话—基本知识—潮州市②闽南话—基本知识—汕头市 Ⅳ.①H177.2

中国版本图书馆 CIP 数据核字（2012）第 041682 号

潮汕方言：潮人的精神家园
CHAOSHAN FANGYAN：CHAOREN DE JINGSHEN JIAYUAN
著者：林伦伦

出 版 人：张晋升
责任编辑：张仲玲　胡艳晴
责任校对：黄　斯
责任印制：周一丹　郑玉婷

出版发行：暨南大学出版社（510630）
电　　话：总编室（8620）85221601
营销部（8620）85225284　85228291　85228292　85226712
传　　真：（8620）85221583（办公室）　85223774（营销部）
网　　址：http：//www.jnupress.com
排　　版：广州市天河星辰文化发展部照排中心
印　　刷：广州一龙印刷有限公司
开　　本：787mm×1092mm　1/16
印　　张：10.75
字　　数：174 千
版　　次：2012 年 6 月第 1 版
印　　次：2022 年 3 月第 4 次
定　　价：55.00 元

岭南文化书系·前言

五岭以南，素称岭南，岭南文化即岭南地区的人民千百年来形成的具有鲜明特色和绵长传统的地域文化，是中华文化的重要组成部分。由于偏处一隅，岭南文化在秦汉以前基本上处于自我发展的阶段，秦汉以后与中原文化的交流日益频繁。明清以至近代，域外文化不断传入，西学东渐，岭南已经成为传播和弘扬东西方文明的开路先锋，涌现出了如陈白沙、梁廷枏、黄遵宪、康有为、梁启超、孙中山等一大批时代的佼佼者。在20世纪70年代末开始的改革开放的浪潮中，岭南再一次成为试验田和桥头堡，在全国独领风骚。

在漫长的发展过程中，岭南文化形成了兼容、务实、开放、创新等诸多特征，为古老的中华文化的丰富和重构提供了多样态的个性元素和充沛的生命能量。就地域而言，岭南文化大体分为广东文化、桂系文化、海南文化三大板块，而以属于广东文化的广府文化、潮汕文化、客家文化为核心和主体。为了响应广东省委、省政府建设文化大省的号召，总结岭南文化的优良传统，促进岭南文化研究和传播的繁荣，在广东省委宣传部的指导和大力支持下，暨南大学出版社组织省内高等院校和科研机构的专家学者编写了这套《岭南文化书系》，该书系由《广府文化丛书》、《潮汕文化丛书》及《客家文化丛书》三大丛书共30种读本组成，历史胜迹、民居建筑、地方先贤、方言词曲、工艺美术、饮食风尚无所不有，试图从地域分类的角度完整展现岭南文化的风貌和精髓。在编写过程中，我们力图做到阐述对象的个性与共性相统一，学术性与通俗性相结合，图文并茂，雅俗共赏。我们希望这30种图书能够成为介绍和宣传岭南文化的名片，为岭南经济和文化建设的再次腾飞提供可资借鉴的精神资源。

需要说明的是，本书系曾获批为2009年度“广东省文化产业发展专项资金”资助项目，在项目申报和丛书编写过程中，广东省委宣传部的领导多次给予指导，并提出了许多宝贵的意见；中山大学、华南理工大学、华南师范大学、广州大学、韩山师范学院、佛山科学技术学院、韶关学院、嘉应学院以及暨南大学的有关领导和专家学者也给予了大力支持和帮助，在此我们一并致以诚挚的谢意！

《岭南文化书系》编委会

2011年6月18日

潮汕方言：潮人的精神家园

广东外语外贸大学著名的语言学家钱冠连教授的《语言：人类最后的家园》写得很精彩。书中说，母语（方言）对于人民来说，是一种历久弥新的记忆。而对于母语是汉语的人民来说，他们的精神家园就是自己的方言了。记得在中山大学中文系读书的时候，著名戏曲研究家王起（季思）先生讲课内容很丰富，但乡音很重。我们向班主任反映，请先生尽量讲普通话。先生听了我们的意见后，谦逊地向我们表达他的歉意，说："人老咯，乡音越来越重了！"那时候，我的理解是先生可能没学过普通话，所以才这样。比王起（季思）先生乡音更重的是卢叔度教授，他讲易经研究，满口"粤味普通话"，或者说基本上就是变了声调的粤语。听懂了的同学如痴如醉，听不懂的北方同学却一头雾水。现如今我自己也年过半百，研究方言30年了，才真正领会到母语（方言）对于人们的精神意义。世界上有些东西，真的是只可意会而不可言传，而有些具有地方性或者民族性的东西，就只能用母语（方言）"言传"，难以用第二种语言来传译。文化底蕴不同，语言中某些东西是难以十分传神地被翻译的，这就是语言中某些成分

潮汕民居（林伦伦摄）

的“不可翻译性”。正因为如此，语言（方言）才能成为一个国家、地区、民族或族群人民的精神家园。没有了它，词不达意，话不传神；没有了它，沟通不畅，交际困难；没有了它，文化式微，家园败落。难怪老辈人有“宁卖祖宗田，不忘祖宗言”的遗训！

语言（方言）还是一个国家、地区、民族、族群的文化标记，就像LOGO之于品牌。在自己的家乡，这样的体会可能不深刻，可当我们远走异国他乡，冷不丁地飘来一句家乡话，却足以让我们循着声源，四处寻找。是的，哪里有潮汕话，哪里就有老乡，“老乡见老乡，两眼泪汪汪”啊！我们潮人说：“家己人，拍死无相干！”为了乡亲，死都不足惜！这乡情，比之为朋友两肋插刀的情谊，更有过之而无不及。熟悉的乡音，足以让我们放松旅途应有的警惕；甜美的乡音，足以让我们忘掉旅途颠簸的疲累。人们常说：“有潮水的地方就有大海，有大海的地方就有潮人。”我在这里加一句：“有潮人的地方就有潮汕话。”

潮州东门楼

然而，可惜的是，在海外，潮人的这种文化烙印正在慢慢地消褪，甚至在第三代、第四代潮裔华人身上已经了无痕迹——他们已经不会听和说潮汕话了！于是，有识之士开始忙碌着，要让他们记住祖先的语言。在马来西亚槟榔屿国际潮团联谊年会上，年会的常设秘书处和马来西亚潮州公会联合会便联合推出一本有声教材——《潮州话入门》（林伦伦、黄挺主编），希望在全世界的潮人家庭里，重新响起优美动听的潮汕话。

潮州广济桥

语言（方言）是一种文化载体，写作民间文学的语言就是方言。

没有潮汕话，就不会有潮剧、潮曲；没有潮汕话，就不会有潮州民谣、潮州歌册；没有潮汕话，就不会有潮汕民间故事；没有潮汕话，就不会有潮语相声、小品；没有潮汕话，陈三、五娘、苏六娘、桃花、渡伯、李老三将离我们而去……

汕头南生公司（百货大楼）

然而，方言区不能让一种方言“独统天下”，国家的语言政策要求我们推广普通话，国家机关里的工作语言、学校里的教学语言、媒体的宣传语言都要求用普通话。再说了，方言区其实也需要普通话和其他方言的存在。因为一种语言（方言）就是一种文化（亚文化），只有多元文化互相交融、求同存异，社会才能和谐发展。因而，潮汕地区也不能只讲潮汕方言，否则会让外地人产生“排外”的错觉，会影响外地人才的引进，会影响潮汕地区社会经济的发展！

于是，我们提倡建设双语或多语社会：生活中、家庭里，讲我们的潮汕话；工作中、公众场合里，讲好中华人民共和国公民一定要讲的国语——普通话；最好还要学会说英语。倘能如此，就能文化繁荣、社会和谐、近悦远来！

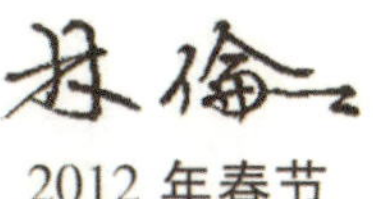

2012 年春节

目　录

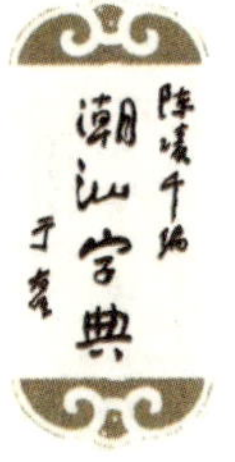
潮汕字典
陈嗔千编
于嘉

第一章　方言古语词：浸育潮人文雅气质的精髓

入乡序课读之前，我于乡下外婆家度过无忧无虑之幸福童年。乡野巷间之间，常闻叔伯婶母斥责贪玩而忘三餐之子女云：“你翘楚就勿转来食。”（你有本事就别回来吃饭。20 世纪五六十年代之交的饥荒年头，吃饭乃天大之事，所以大人们动辄拿“不给吃饭”来威胁孩子们）又教育孩子们云：“兄弟姐妹着相好，孬相骂。”（兄弟姐妹要团结友爱，不能老吵架）本以为，此乃乡村土话。没曾想，读了大学中文系之后，方知“翘楚”、“相好”、“食”都是先秦古代汉语词，而“转来”、“相骂”则是宋元时代的汉语词，都是堪称经典的雅语。于是乎，我对其产生了浓厚的兴趣，攻读硕士学位期间，在星桥师（李新魁）指导下，索隐钩沉，作《潮汕方言词考释》一书，得潮语古词语数百条，方知潮语土话之精髓，乃典雅之古语词。潮人随意说话时一不小心就说出了来自《诗经》、《左传》、《战国策》的词语，可谓字字珠玑。外地人听了感叹道：“潮人真是斯文啊！”君如不信，有书为证。如上文提到的“翘楚”一词，语出《经诗·周南·汉广》：“翘翘错薪，言刈其楚。”汉·毛亨传：“楚，杂薪之中尤翘翘者。”后来引申指出类拔萃者。现代汉语写文章，要相当

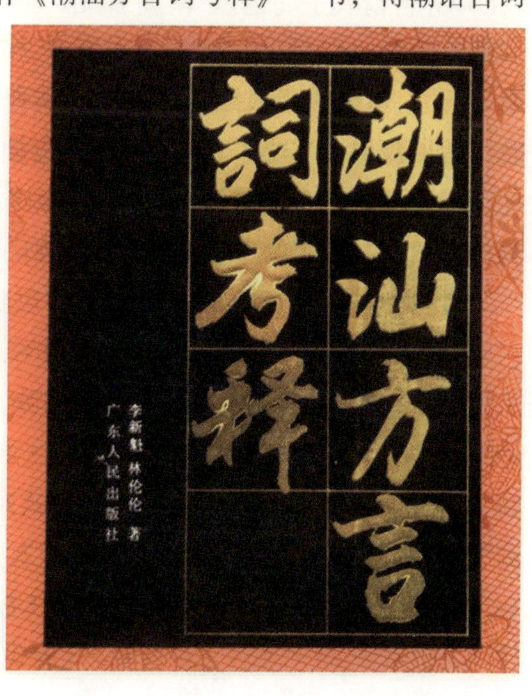

《潮汕方言词考释》（李新魁、林伦伦著）

正式的文体，才会用到这个词，如说："君乃我辈同窗之翘楚也。"再如"相好"，语出《诗经·小雅·斯干》："兄及弟矣，式相好矣。"够古老典雅吧？

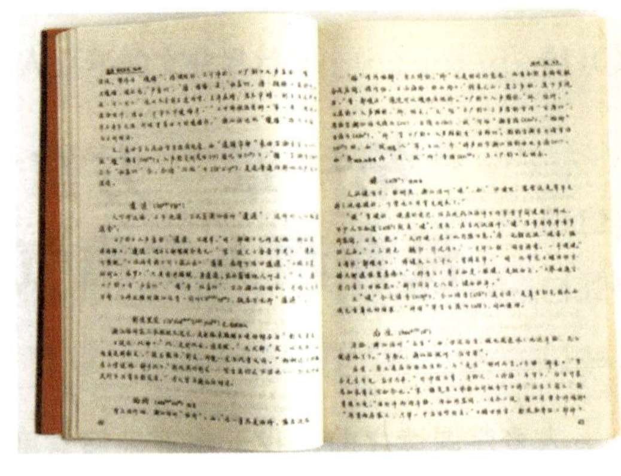

《潮汕方言词考释》内文（此书由林伦伦手抄出版）

潮语中的古语词，除了来自先秦时代的第一层次之外，有的还来自汉魏六朝。我们口语中的不少亲属称谓词语，就是汉魏南北朝时语，这属于第二个层次的古语词。例如：南朝·宋·刘义庆《世说新语·言语》："孔融被收，……融谓使者曰：'冀罪止于身，二儿可得全不？'儿徐进曰：'大人岂见覆巢之下，复有完卵乎？'"这里用"大人"指称父亲。《世说新语·容止》："王敬豫有美形，问讯王公。王公抚其肩曰：'阿奴恨才不称。'"这里用"阿奴"指儿子。余嘉锡《世说新语笺疏》引李慈铭云："乃（王）导自谓其子之语。"南朝·梁·沈约《宋书·孙棘传》："棘妻又寄语嘱棘：'君当门户，岂有委罪小郎？且大家临亡，以小郎嘱君……'"这里的"大家"指婆婆，即孙棘之母、棘妻之婆婆；"小郎"指小叔子（"小"读［sio²］）。南朝·宋·范晔《后汉书·何进传》："张让子妇，太后妹也。让向子妇叩头曰：'老臣得罪，当与新妇俱归私门。'"句中的"新妇"指儿媳妇。

第三个层次的古语词，则是唐宋以降的近代汉语词。唐·元稹《估客行》诗云："父兄相教示，求利不求名。""教示"就是教育训示的意思。唐·白居易《雪中晏起偶咏所怀》诗有"红尘闹热白云冷"句，潮人谓热闹为"闹热"。唐·杜甫《感怀》诗"问知人客姓，诵得老夫诗"，白居易《酬别周从事二首》诗"腰痛拜迎人客倦"，这两处的"人客"就是指"客人"，潮人谓客人为"人客"。唐·谷神子《博异志·阴隐客》："门人执之，引二人行至清泉眼，令洗浴及浣衣服。""洗浴"即洗澡。《敦煌变文集·不知名变文》："初定之时无衫裤，大归娘子没沿房。"（"沿房"，指嫁妆）这里的"衫裤"即衣服。以上诸例皆唐代口语。明代小说《二刻拍案惊奇》卷二十二："……在京都开几处解典库，又有几所绸缎铺，专一放官吏债，打大头脑的。""大头脑"即大官员。"头脑"，指领导、首领，犹如北方话的"头儿"。"脑"字潮音读［lo^2］（裸）。《醒世恒言·钱秀才错占凤凰俦》："又分派各船……大船二只：一只坐新人，一只媒人共新郎同坐。""新人"，指新娘。《醒世恒言·勘皮靴单证二郎神》："冉贵听得叫，回头看时，却是个后生妇人。""后生"即指年轻人。《喻世明言·任孝子烈性为神》："梁家有一个女儿，小名圣金，年二十余岁……旧年嫁在城外牛皮街卖生药的主管。""旧年"，去年也。《警世通言·宋小官团圆破毡笠》："宋金乃分付家童，先把铺陈行李发下船来。""铺陈"，潮语也作"铺陈被席"，即铺盖也。

诸如此类，不胜枚举。我敢保证，在潮人每天讲的口头白话里，一定含有古老典雅的词语，也难怪外地人说潮人有儒雅的气质了。

第一节　存在于古代文献中的潮汕方言词语

上文已经谈到，潮汕方言中有很多存在于古代文献中的古语词。但要证实文献中的这些词语的形、音、义都跟潮汕方言相同并非易事。词形和读音一致的词语，我们只要在古代文献中找到它们的身影就可以了，如上文举例用到的"翘楚"、"相好"、"大人"、"阿奴"、"新人"、"衫裤"等。但有一些词语，由于历时已久，读音和词义都发生了不同程度的变化，就得从音、义两个方面进行考证了。方言学上把这种研究方法叫做"考本字"。考本字必须在正确了解方言词义和读音的基础上，从"字"的形、音、义三方面同时进行考证，缺一不可。例如潮汕方言把"高"叫［$guin^5$］（县$_{阳平}$），即是我们说的"危"字。何以为证？首先，从词义上看，"危"有"高"义。"危"字从字形上看是人在厂（危崖）上，本来便是高而危险之意。文献也多有用例，如《国语·晋语八》："拱木不生危，松柏不生埤。""危"，高；"埤"，低下。《庄子·盗跖》："使子路去其危冠，解其长剑。"陆德明释文："李云：'危，高也。'""危冠"，即高冠。唐·白居易《春日题乾元寺上方最高峰亭》诗："危亭绝顶四无邻，见尽三千世界春。""危亭"，即建于峰顶的高高的亭子。宋·叶适《题阎才元喜雪堂》诗："平压龙山五尺危，堕鸢何处避阴威。""五尺危"，即五尺高。由此可见，"危"作"高"解是没有疑问的。"危"在"危险"义项中潮音通常读［nguin^5］（伪$_{\text{阳平}}$），在"高"义项中能否读为［guin^5］呢？我们认为也是能够的。"危"中古音属"疑"母，"疑"母同"见"母上古音关系密切，"疑"母本身就带有同部位的塞音成分，不少专家的拟音是［^{g}ng］。因而"疑"母字有一些读［g-］声母，可能是上古音的遗存。除了"危"字之外，还如"凝"字潮音读［geng^5］（钢$_{\text{阳平}}$），意为凝结；"逆"字潮音读［gêh^8］（格$_{\text{阳入}}$），意为忤逆不顺，如"你勿逆伊"（你别逆他的意）。如此，从音到义，加上文献用例的佐证，我们就可以说"危"就是潮汕方言中的"guin^5"了（也有专家考证为"悬"，可备一说）。

又如，"矮"、"低"，潮汕方言统称为［gê^6］（家$_{\text{阳上}}$），群众谓"无字可写"。其实"gê^6"即"下"字。先从词义看，"下"有低矮义。《礼记·乐记》中有："天高地下。"《尉缭子·天官》中有："然不能取者，城高池深，兵器备具，财谷多积，……若城下池浅守弱，则取之矣。"宋·王安石《即事十五首》之七："纵横一川水，高下数家村。"各例中之"下"均与"高"相对而言，指低矮无疑。现在仍用的成语"不分高下"的"下"也是此义。词义对上号了，读音又如何呢？表示低矮一义，潮音读［gê^6］，而"下"通常读［hia^6］、［ê^6］（上下），或者读［hê^6］（如"下老爷"、"下物食"、"下种"），能不能读［gê^6］呢？关键在于声母。"下"字中古为"匣"母字，"匣"母字上古归"见溪群"，因而潮音中多保留［g-］声母的读法，如"糊$_{\text{香糊}}$"、"峡$_{\text{三峡}}$"、"挟"、"黠"、"滑"、"猾"等均是。由此可证"下"能读［g-］声母，就是"gê^6"的本字。

潮汕方言中的古语词，存在着不同的历史层次，大概跟语音的历史层次是相吻合的。下面，我们就按"先秦文献词语"、"汉魏六朝时语"、"唐宋时代词语"和"元明以降词语"四个阶段分别进行介绍。

一、先秦文献词语

先秦文献的词语，我们主要从《诗经》、《尚书》、《左传》、《战国策》和《楚辞》等文献来查考，间或也查阅其他文献，像上文列举的"翘楚"、"相好"就源于《诗经》。又如：

《诗经》

［**走**］《韩非子·五蠹》："兔走触株。"这里的"走"是指跑，逃跑。如果慢慢"走"，就不会"触株"。唐·杜甫《石壕吏》"老翁逾墙走"的"走"也是逃跑的意思，是上古汉语遗留词义。

［**朘**］潮人称男孩的小鸡鸡儿为［zui^{6}］（赘），本字即"朘"。《老子》第五十五章："未知牝牡之合而朘作，精之至也。"东汉·许慎《说文解字·肉部》："朘，赤子阴也。"南朝·梁·顾野王《玉篇·肉部》："朘，子雷切，赤子阴也。"

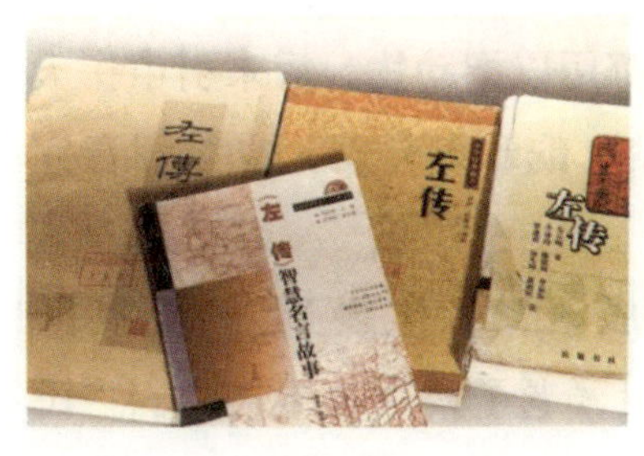

《左传》

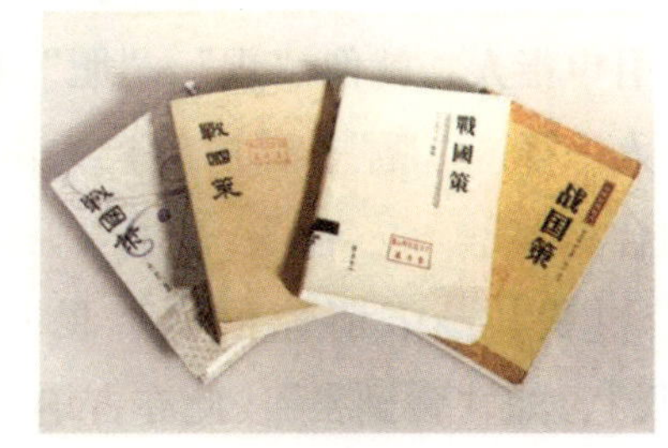

《战国策》

［**骹**］潮语称"足"为［ka^{1}］（卡$_{阴平}$），洗脚叫"洗骹"。上部大腿为"骹大腿"，中部膝盖叫"骹头"，下部小腿为"骹臁"、"骹肠肚"。《周礼·考工记》："三分其股围，去一以为骹围。"《说文解字·肉部》："骹，胫也。"《尔雅·释兽》："马四骹皆白，……"这里的"骹"字也作"跤"，《广韵·肴韵》："跤，胫骨近足细处。骹，同上。""骹"为口交切。"肴"韵字潮语白读为［-a］韵母的字不少，口交切正可切潮音［ka^{1}］。

［**乞食**］潮汕话谓向人讨钱要饭为"乞食"，"乞丐"也称"乞食"，一词两用，既为动词，也是名词。此词在先秦是动宾词组："乞"为动词，"食"为名词。例如《左传·僖公二十三年》："（重耳）乞食于市。"《战国策·秦策三》："（伍子胥）坐行蒲伏，乞食于

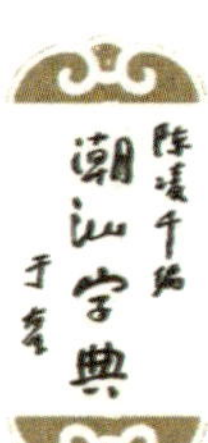

吴市。”后由词组凝固而为单词。清·梁章钜《称谓录·乞食》：“乞丐，闽省呼之为乞食。”看来“乞食”是闽方言通语。

［髧眉］指人“老实无中用”，如北方话之“窝囊废”，故俗谚云：“好生破家团，孬生髧眉儿。”“髧”潮音［dam^3］（耽$_{阴去}$），“髧眉”，原指额前头发多而下垂，几乎遮住眉眼。《诗经·鄘风·柏舟》：“髧彼两髦。”余冠英《诗经选译》注释云：“髧，发下垂貌。男子未冠之前，披着头发，长齐眉毛，分向两边梳着，叫做髧。”由于“长齐眉毛”，故云“髧眉”，《广韵》上声“感”韵，“髧，徒感切”，浊声母字，“浊上变去”，又读不送气，故“髧”潮音可读［dam^3］。

［肥腯］“腯”潮音［tuh^8］（涂$_{阳入}$）；“肥腯”，胖墩墩的样子，原指动物膘肥体壮。例如《左传·桓公六年》：“吾牲牷肥腯。”晋·杜预注：“腯，亦肥也。”《礼记·曲礼下》：“豚曰腯。”唐·孔颖达疏：“腯，即充满貌也。”《诗经·周颂·我将》：“我将我享，维羊维牛。”汉·郑玄笺：“我奉养我享祭之牛羊，皆充盛肥腯。”“肥腯”后来引申指人，就像“皮”、“肥”原来都用以指动物，后来引申扩大而及人一样。“腯”，《广韵》入声“没”韵音陀骨切，也与潮音完全吻合。

［畏］潮语谓惊怕曰“畏”，如成语“惊生畏死”；厌腻也曰“畏”，如“食到畏”。此亦古语。例如《老子》第七十四章：“民不畏死，奈何以死惧之。”

［厚薄］茶、酒浓度高，潮语形容之为“厚”；反之，味道淡薄不醇厚则曰“薄”。俗谚云：“茶薄人情厚。”另有俗语云：“厚茶薄酒老薰筒。”先秦汉语也以“厚薄”形容酒之浓度。《韩非子·扬权》：“厚酒肥肉。”《列子·杨朱》：“丰屋美服，厚味姣色。”《庄子·胠箧》：“鲁酒薄而邯郸围。”汉·刘向《新序》卷四：“墙薄则亟坏，……器薄则亟毁，酒薄则亟酸。”可见，潮语“厚薄”为承继先秦之说，浓淡之说乃后起。

［沽］到店铺去打酒、酱油、鱼露等叫做“沽酒”、“沽豉油”等，笔者小时候常常被长辈打发去干这种活儿。“沽”也是先秦词语。《论语·乡党》：“沽酒市脯，不食。”唐·陆德明释文：“沽，买也。”“沽”字也作“酤”，《墨子·非儒下》：“子路为享豚，孔丘不问肉之所由来而食；号褫人衣以酤酒，孔丘不问酒之所由来而饮。”

［猳］ 潮音［go^1］（哥），配种公猪潮汕话叫“猪猳”。《礼记·杂记下》：“凡宗庙之器，其名者，成则衅之以猳豚。”“猳豚”即公猪。《说文解字·豕部》：“猳，牡豕也。”《方言》卷八：“猪，北燕朝鲜之间谓之猳。”清·钱绎笺疏：“猳，牡豕也。”又“猳”字上古音属“见”母“鱼”部平声，“鱼”部字潮汕话有读［－o］者，如“初锄”等，故“猳”字潮音可读［go^1］。

［众生］ 泛指畜生，平时多指家禽家畜，潮音［$zêng^2 sên^1$］。“众生”一词，原指人和其他有生命的物种，也即“芸芸众生”。《礼记·祭义》：“众生必死，死必归土。”此义潮音读［$zêng^3 sên^1$］。指动物一义是词义的缩小，乃明清时语。《二刻拍案惊奇》卷十九：“我夜间配了公主，……却今日来弄这个买卖，伴这个众生。”《水浒传》第三十回：“常言道：‘众生好度人难度。’原来你这厮外貌像人，倒有这等贼心贼肝。”

［篾］ 潮音［$bhih^8$］（米$_{\text{阳入}}$），竹子剖成的长条薄片，外层绿色者叫“篾青”，“篾青”之下叫“篾瓤”。称竹皮为“篾”，先秦已然。《尚书·顾命》：“牖间南向，敷重篾席。”唐·孔颖达疏：“篾，析竹之次青者。”

［桡］ 潮音［rio^5］（尿$_{\text{阳平}}$），小船桨。如讲：“大个龙船有二十对桡。”“桡”指船桨，先秦已然。《楚辞·九歌·湘君》：“荪桡兮兰旌。”汉·王逸注：“船小楫也。”后代沿用之。如《警世通言·俞伯牙摔琴谢知音》：“兰桡画桨，锦帐高帆。”

［晏］ 潮音［uan^3］（案），天色不早。说人懒惰曰：“早眢晏走起。”（早早睡觉，迟迟起床）“晏”先秦已用，《论语·子路》：“冉子退朝，子曰：‘何晏也？’”

［蹇］ 潮音［$kiag^4$］（却），不好，不济。命运不好叫“命蹇”。偶尔有所获得，常自谦“命蹇运好”（命不好，但运气还行）。《易·蹇》：“象曰：山上有水，蹇。”魏·王弼注：“山上有水，蹇难之象。”引申为危难、危险。唐·白居易《与元九书》：“况诗人多蹇，如陈子昂、杜甫……”又“蹇”《广韵》平声“仙”韵音去乾切，潮音应该读［$kiang^1$］（强$_{\text{阴平}}$），今读［$kiag^4$］，阳入对转。后代也偶见此词，例如《醒世恒言·十五贯戏言成巧祸》：“到得君荐，却是时乖运蹇。”

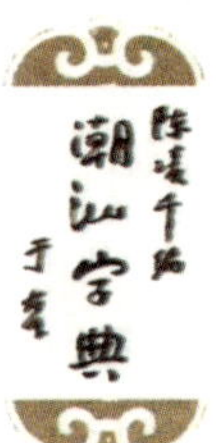

［詈骂］“詈”潮音［li^{3}］（李$_{\text{阴去}}$）或［loi^{3}］（犁$_{\text{阴去}}$）。“詈”指骂，先秦已然。《尚书·无逸》：“或告之曰，小人怨汝詈汝。”唐·孔颖达疏：“詈有骂之意。”《广韵》去声“寘”韵：“詈，詈骂；力智切。”“詈骂”，指大声责骂，后代沿用之，或作“骂詈”。如《喻世明言·汪信之一死救全家》：“二程又听得后来骂詈，好没意思。”

［粜］汕头、揭阳音［tio^{3}］，潮州、澄海音［tiê^{3}］（涂腰切$_{\text{阴去}}$），出售大米或其他米豆类农产品，与表“买进”义的“籴”相对。“粜”，先秦已用。《韩非子·内储说下》：“韩昭侯之时，黍种尝贵甚。昭侯令人覆廪，廪吏果窃黍种而粜之甚多。”后代仍沿用之。如《醒世恒言·卖油郎独占花魁》：“（莘善）虽则粜米为生，一应麦豆茶酒油盐杂货，无所不备，家道颇颇得过。”

［籴］潮音［diah^{8}］（爹$_{\text{阳入}}$），买进大米、稻谷或豆类农产品，与卖出的“粜”相对。“籴”也是先秦已用之词。《左传·庄公二十八年》：“冬，饥，臧孙辰告籴于齐。”后代沿用之。如《喻世明言·蒋兴哥重会珍珠衫》：“这大郎也是父母双亡，凑了二三千金本钱，来走襄阳贩籴些米豆之类。”

［掌］看守，看管。潮谚云：“雇用猫掌橱，雇用贼掌厝。”（雇用猫看守鱼，雇用小偷看守房子，比喻所请非人）古汉语的“掌”偏指掌管，潮汕话偏指看守，词义稍有不同。看管之义，先秦已见。《墨子·迎敌祠》：“设守门，二人掌右阉，二人掌左阉。”“掌门”之说，跟潮汕话相同，后代仍用之。如《警世通言·苏知县罗衫再合》：“你哥正死了嫂嫂，房中没有个得意掌家的。”

［泅］潮音［siu^{5}］（收$_{\text{阳平}}$），游泳。潮汕俗谚云：“教囝泅，孬教囝爬树。”意为可以教孩子游泳，但不可以教孩子爬树（因为爬树危险，容易出事）。“泅”，先秦已用。《列子·说符》：“人有滨河而居者，习于水，勇于泅。”《广韵》平声“尤”韵：“泅，人浮水上；似由切。”音义皆与潮汕话吻合，后代仍用之。如《醒世恒言·薛录事鱼服证仙》：“元来少府是吴人，生长泽国，从幼学得泅水。”

［不日］有朝一日。如：“你唔听我个话，不日啰是着害。”（你不听我的话，有朝一日终究会出事的）“不日”一词，先秦就有了，但多指没经过太长的时间，不几天。《诗经·大雅·灵台》：“经始灵台，经之营之，庶民攻之，不日成之。”后代一直沿用之。《醒世恒言·独

孤生归途闹梦》："眼见这龙华寺不日建造起来，比初时越觉齐整。"

[**通**] 全部，在"通身"、"通街市"等表示范围的词中潮音读[tong¹]，如："通街市人会知，就你唔知定。"（满大街的人都知道了，就你不知道）在"通年"、"通日"等表示时间的词中读[tang¹]（桶阴平）。如："伊通日无在内。"（他成天不着家）"通"作副词，表示周遍，先秦已见。《孟子·告子上》："弈秋，通国之善弈者。"后世沿用之。如《喻世明言·金玉奴棒打薄情郎》："许公分付夫人取干衣替他通身换了，安排他后舱独宿。"

二、汉魏六朝时语

根据李新魁先生的研究，在潮汕方言四个阶段的语音系统里，主流是汉魏六朝的读音，尤其是汉末魏晋南北朝的读音①。在潮汕方言的词汇系统里，汉魏六朝时语也最多，尤其是旧式亲属称谓系统，保留了很多六朝的称谓，如上文已经列举的"大家"（婆婆）、"新妇"（儿媳妇）、"新人"（新娘）、"大人"（父亲）、"阿奴"（儿子）、"小郎"（小叔子）等。下面再从《汉书》、《后汉书》、《文选》、《世说新语》、《尔雅》、《说文解字》、《玉篇》等文献中考释一些词语，以飨读者。

《史记》

[**倩**] 潮音[ciah⁴]（赤），俗语云："无师倩着青盲五。"（找不着好师傅，只能请瞎子五了） "倩"表示雇请的意思，汉代已见。汉·刘向《烈女传·鲁漆室女》："邻人女奔，随人亡，其家倩吾兄追之。""倩"，《广韵》去声"劲"韵音七政切，潮音文读为[cêng³]（衬），白读相对应为[cian³]（请阴去），今读[ciah⁴]（赤），阴入对转，且失去鼻音成分。后代沿用之。如《醒世恒言·张孝基陈留认舅》："张孝基倩医调治，有一个多月，方才痊愈。"《警世通言·蒋淑

① 参阅：李新魁. 潮音证古[A]. 潮学研究（第1～2辑）[M]. 汕头：汕头大学出版社，1993；或：李新魁. 李新魁音韵学论集[M]. 汕头：汕头大学出版社，1997.

真刎颈鸳鸯会》：“遂请医调治，倩巫烧献。”

［中人］经纪人，牙人，买卖双方的介绍人。“中人”一词，魏晋已见，但指的是官场的引进、提携之人。魏·曹植《当墙欲高行》诗：“龙欲升天须浮云，人之仕进待中人。”晋·鲁褒《钱神论》：“谚云：‘官无中人，不如归田。’”后来引申指公证人。《二刻拍案惊奇》卷十六：“产业交关少不得立个文书，也要用着个中人才使得。”“中人”也指买卖的中介，如《醒世恒言·卖油郎独占花魁》：“朱重单身独自，急切要寻个老成帮手。有个惯做中人的，叫做金中，忽一日引着一个五十余岁的人来。”

《世说新语》

［衫裾］衣摆，衣前襟。《说文解字·衣部》已收“裾”字，“衣裾”则多见于六朝。魏·曹丕《列异传·谈生》：“（妇）裂取生衣裾，留之而去。”南朝·宋·刘义庆《世说新语·规箴》：“（郭氏）急捉（平子）衣裾，……平子饶力，争得脱，逾窗而走。”后代仍用之。《警世通言·赵太祖千里送京娘》：“京娘心下十分不安，急走去扯住公子衣裾。”衣裾，即衫裾。

［屐］木拖鞋，也叫“柴屐”。“屐”字《急就篇》卷二、《说文解字·履部》已录。唐·颜师古注《急就篇》卷二云：“屐者，以木为之，而施两齿，所以践泥。”后世沿用之。晋朝有著名之“谢公屐”，唐人仍然以此为时尚。唐·李白《梦游天姥吟留别》“脚着谢公屐，身登青云梯”可证，后代仍沿用之。《醒世恒言·刘小官雌雄兄弟》：“刘公穿了木屐，出街头望了一望，复身进门。”

［窦］今作姓氏用，读［dou6］（杜）。但潮汕方言称鸟兽家禽之窝为［dao3］（道阴去），如“鸟窦”、“狗窦”等，本字即“窦”。“窦”原指洞穴。《说文解字·穴部》：“窦，空也。”“空”，即洞也，潮音［kang1］（康），引申指专供狗等家畜进出的墙洞。《世说新语·排调》：“张吴兴年八岁，亏齿，先达知其不常，故戏之曰：‘君口中何

为开狗窦？’张应声答曰：‘正使君辈从此中出入。’”《原化记·京都儒士》：“及五更，忽有一物上阶推门。门不开，于狗窦中出头，气休休然。”再引申泛指动物之窝。

［黐］潮音［ti¹］（提阴平），意谓“粘”，可用作形容词或动词，如：“撮胶黐死，我只手乞伊黐紧去。”（这些胶很粘，我的手都被粘住了）《广雅》卷四：“黐，粘也。”《玉篇·黍部》：“黐，力支、丑知二切，粘也。”《广韵》平声支韵：“黐，粘也。”又：“所以粘鸟；丑知切。”以上所用“黐”之音、义皆与潮汕话相合。唐诗也用此字。唐·韩愈《寄崔二十六立之》诗：“敦敦凭书案，譬彼鸟粘黐。”唐·贾岛《玩月》诗：“立久病足折，兀然黐胶粘。”今广州方言也用此字，可为佐证。

［䭊］潮音［zian²］（整），如“咸䭊”（统称小菜）、“䭊甜”（味淡而鲜美）、“白䭊无味”（淡薄无味）等。《玉篇·食部》：“䭊，无味也。”《集韵》上声琰韵：“䭊……子冉切，……味䤃。”䤃，味淡也。

［瘠］潮音［sang²］（删阴上），意为瘦。瘦得皮包骨潮语叫“瘠骨落肉”。《释名·释天》：“瘠，省也，如病者省瘦也。”《广韵》上声“梗”韵：“瘠，瘦瘠。”《集韵》上声“梗”韵：“瘠，瘦谓之瘠。”《新唐书·李百药传》：“侍父母丧还乡……容貌癯瘠者累年。”“梗”韵字潮汕话有读［－ang］韵母者，如“亢”、“珩”、“榜”、“旁”、“趟”、“鉎铁锈”等。故音义皆合。

［脉］魏晋六朝时期常用作动词，如晋·陈寿《三国志·华佗传》：“佗脉之。”南朝·宋·刘义庆《世说新语·术解》：“（于法开）既来，便脉云：‘君侯所患，正是精进太过所致耳。’”又如：“良久乃云：‘小人母年垂百岁，抱疾来久，若蒙官一脉，便有活理。’”“脉”即“号脉”，今普通话无此义项，而潮汕话却常用，如“我个你脉下看”（我为你号脉看看），此正与六朝时语“一脉相承”。

［骨殖］尸骨，骸骨。晋·葛洪《抱朴子·勤求》：“非老庄之学，故无骨殖而取偶俗之徒，遂流漂于不然之说，而不能自返也。”后代沿用之。《醒世恒言·李玉英狱中讼冤》：“李承祖哭道：‘孩儿如不得爹爹骨殖，料然也无颜再见母亲。’”又《醒世恒言·大树坡义虎送亲》：“（林公）打点搜山捕获大虫，并寻女儿骨殖。”《警世通言·吕

大郎还金完骨肉》："如果然不幸，骨殖也带一块回来。"

［灶下］ 厨房。晋·陶渊明《搜神后记》卷五："（端）于篱外窃窥其家中，见一少女，从瓮中出，至灶下燃火。"汉代辱称厨工为"灶下养"，可知当时也已经称厨房为"灶下"。《后汉书·刘玄传》："其所授官爵者，皆群小贾竖，或有膳夫庖人，多着绣面衣、锦袴……骂詈道中。长安为之语曰：'灶下养，中郎将……'"清代称婢女或侍妾为"灶下婢"，也以厨房为"灶下"。后代沿用之。《醒世恒言·一文钱小隙造奇冤》："孙大娘在灶下烧火。"

［祠堂］"祠堂"一词，汉代已有，但多指祭祀前代圣贤的庙堂。《汉书·循吏传·文翁》："文翁终于蜀，吏民为立祠堂，岁时祭祀不绝。"宋·司马光《文潞公家庙碑》云："先王之制，自天子至于官师皆有庙……秦尊君卑臣，于是天子之外，无敢营宗庙者。汉世公卿贵人多建祠堂于墓所。"后世沿袭汉俗，而且有所扩大，宗族公祭之祠也称"祠堂"。

［门楼］ 潮式四合院建筑，前面大门盖有瓦顶，似牌坊，谓之"门楼"。左右有房间，谓之"门楼房"。"门楼"一词，汉代已有，但指的是城门上的楼，如潮州之"东门楼"。《后汉书·董卓传》："遂围门楼，共表请司徒王允出，问：'太师何罪？'"后代仍用之。《警世通言·一窟鬼癞道人除怪》："两个奔来躲雨时，看来却是一个野墓园。只那门前一个门楼儿，里面没甚么屋宇。"《醒世恒言·赫大卿遗恨鸳鸯绦》："大卿径望东首行去，见一座雕花门楼，双扉紧闭。"也引申为门第、家庭，如《醒世恒言·张廷秀逃生救父》："常言道：'会嫁嫁对头，不会嫁嫁门楼。'"

［眠床］ 睡觉的床。"眠床"一词，南北朝已见。南朝·梁·陶弘景《冥通记》卷四："持之（九茎紫茵琅葛芝一斤）南行，取己所住户十二步，乃置眠床头按上。"后代仍用之。《醒世恒言·卢太学诗酒傲王侯》："这番请赏菊花，汪知县满意要尽竟日之欢，罄夙昔仰想之诚。不料是日还在眠床上，外面就传板进来。"

［开年］ 新年的年初。"开"白读为［kʽui¹］。"开年"一词，南北朝已见。北周·庾信《行雨山铭》："开年寒尽，正月游春。"后代仍沿用之。《初刻拍案惊奇》卷二十九："到了开年，越州太守请幼谦的父亲忠父去做记室。"

[乡里] 村，家乡。汉以前只说“里”。《诗经·郑风·将仲子》：“将仲子兮，无逾我里。”汉·扬雄《答刘歆书》：“田仪与雄同里，幼稚为邻，长艾相爱。”大概魏晋南北朝时才“乡”、“里”连用为双音节词。南朝·宋·刘义庆《世说新语·德行》：“郗公值永嘉丧乱，在乡里，甚穷馁，乡人以公名德共饴之。”后代仍沿用之。《喻世明言·蒋兴哥重会珍珠衫》：“大郎道：‘敝乡里汪三朝奉典铺对门高楼子内是何人之宅?’”

[左近] 附近。“左近”一词，也是六朝时语。北魏·郦道元《水经注·夷水》：“县东十许里至平乐村又有石穴，出清泉，中有潜龙。每至大旱，平乐村左近村居辇草秽著穴中。龙怒，须臾水出，荡其草秽……”后代仍沿用此词。《二刻拍案惊奇》卷二十八：“这游僧也去不久，不过只在左近地方，要访着他也不难的。”《喻世明言·木绵庵郑虎臣报冤》：“丈夫拗奴不过，只得在左近人家趁工度日。”《醒世恒言·灌园叟晚逢仙女》：“每熟时就先望空祭了花神，然后敢尝。又遍送左近邻家试新……”

[竹篙] “篙”音［go^{1}］（哥），指竹竿。“竹篙”一词，南北朝时已见。《世说新语·政事》：“（陶侃）尝发所在竹篙。有一官长连根取之……乃超两阶用之。”此前只用单音节的“篙”，如《淮南子·说林训》：“以篙测江，篙终而以水为测，惑矣！”“三言二拍”中多指专用来撑船的竹竿。《警世通言·乔彦杰一妾破家》：“此时王酒酒在船上，将竹篙推那尸首到岸边来。”

[鲜] 衣物光鲜，鲜丽。如：“伊今日穿到鲜死，个爱去底块?”（他今天穿得这么漂亮，是要到哪里去）“鲜”用以形容衣物之光鲜，汉代已见。《汉书·广川惠王越传》：“衣服常鲜于我。”唐·颜师古注：“鲜谓新华也。”魏·曹植《名都篇》：“宝剑值千金，被服光且鲜。”后代沿用之。《喻世恒言·单符郎全州佳偶》：“（单符郎）只安慰道：‘今日鲜衣美食，花朝月夕，够你受用。’”《醒世恒言·张淑儿巧智脱杨生》：“只见行李十分华丽，跟随人役，个个鲜衣大帽。”《警世通言·钝秀才一朝交泰》：“图书满案，鲜衣美食。”

[点心] 用作动词，指吃点小吃或稀粥先解饥饿。如：“作粗重功课着食糜点心，无耐唔去。”（干粗重活得吃点粥什么的点心，不然受不了）“点心”用作动词，宋代已见。宋·庄绰《鸡肋篇下》：“上微

觉馁，孙见之，即出怀中蒸饼云：‘可以点心。’”后代继续沿用，如《喻世明言·宋四公大闹禁魂张》：“门前一个妇女，玉井栏手巾勒着腰，叫道：‘客长，吃馒头点心去。’”又《醒世恒言·一文钱小隙造奇冤》：“再旺出来，把钱去市心里买馍馍点心。”这两例中的“点心”都用作动词。

［种作］ 耕作。晋·陶渊明《桃花源记》：“其中往来种作，男女衣着，悉如外人。”后代仍沿用之。如《醒世恒言·徐老仆义愤成家》：“（阿寄）为人忠谨小心，朝起晏眠，勤于种作。”“作”也单用，耕田叫“作田”。《广韵》平声“先”韵：“佃，作田也。”

［起］ 建造，盖。盖房子叫“起厝”。“起”指建造，汉代已见。汉·班固《两都赋·序》：“京师修宫室，浚城隍，起苑囿。”汉·桓谭《新论·识通》：“（武帝）求不急之方，大起宫室。”后代仍沿用之。如《警世通言·俞仲举题诗遇上皇》：“员外见女儿主意定了，乃将家财之半，分授女儿，于成都起建大宅。”

［载］ 音［zai^7］，读阳去调，指车、船所运载的货量，一载指一车或一船。《齐民要术·种葵》：“一亩得葵三载，合收米九十车。”后代沿用之。如《醒世恒言·徐老仆义愤成家》：“（阿寄）遂装上一大载米至杭州。”

［过］ 动量词，如：“本书我读二过了。”（这本书我读两遍了）“过”用作动量词，六朝已见。晋·陆云《与兄平原书》：“前后读兄文一再过。”后代仍沿用之。如《警世通言·钱舍人题诗燕子楼》：“希白题罢，朗吟数过。”

三、唐宋时代词语

唐宋时期已是近代汉语的开端，也是白话作品滥觞的时代，《敦煌变文》中的故事、高僧语录以及通俗的唐诗宋词作品，其语言都很接近当时的口语，很多词语便一直被后代沿用，潮汕方言也保留了很多当时的词语。例如：

［者］《现代汉语八百词》释为：“后缀：①表示有某种信仰，从事某种工作或有某种特性的人，构成名词……②指代事物或人，构成名词。”[①] 读过书的人都懂得“者”的这两个义项。但“者”字潮音

---

① 吕叔湘．现代汉语八百词［M］．香港：商务印书馆，1980. 583～584.

读［zia^2］，最常用的义项是近指代词，相当于“这”，如：“者个是底个?”（这是什么）“者钱好赚?”（这种钱你也敢赚）因为现代汉语的“者”已不用作近指代词，所以人们不敢认为“者”就是口语中的那个［zia^2］。其实，“者”用作代词，中古用例不少。如唐·郑綮《开天传信记》：“者畔似那畔，那畔似者畔。”唐·裴休《黄檗断际禅师宛陵录》：“似者个见解有什么用处?”《筠州洞山悟本禅师语录》：“不是者个道理。”“者”、“这”同源。

潮州韩文公祠全景

［底］普通话用作名词，潮汕话也有这个用法，但还有一个使用频率很高，又为普通话所没有的义项，即用作疑问代词，如“底个”（什么）、“底块”（哪里）等。“底”用作疑问代词，中古文献中有不少用例，如唐·白居易《放言诗》之一：“朝真暮伪何人辨，古往今来底事无?”唐·韩愈《泷吏》诗：“潮州底处所，有罪乃窜流。”唐·杜荀鹤《钓叟》诗：“渠将底物为香饵，一度抬竿一个鱼。”“底事”、“底处所”、“底物”即什么事、什么处所、什么东西，词义和用法都与潮汕方言相近或相同。

在潮州传道起文的韩愈

［亲情］潮汕方言谓亲戚为“亲 zian^5”，［zian^5］（晶$_{\text{阳平}}$）之本字即“情”。但“情”文读音为［cêng^5］（橙），如“情况”、“深情”等词中“情”均读此音，故而很少有人知道它还可读［zian^5］。其实“情”读［zian^5］还不只在“亲情”一词，潮汕俗语“人情大母个”

的“人情”也读此音。至于“亲情”指亲戚，中古常见，如唐·蒋防《霍小玉传》：“生自此心怀疑恶，猜忌万端。夫妻之间，无聊生矣。或有亲情，曲相劝喻。生意稍解。”吴组缃等注：“亲情，亲戚。”唐·薛调《无双传》：“又旬日，仙客遣老妪，以求亲之事闻于舅母。……又数夕，有青衣告仙客曰：‘娘子适以亲情事言于阿郎。’”“亲情事”指两家结为姻亲之事。

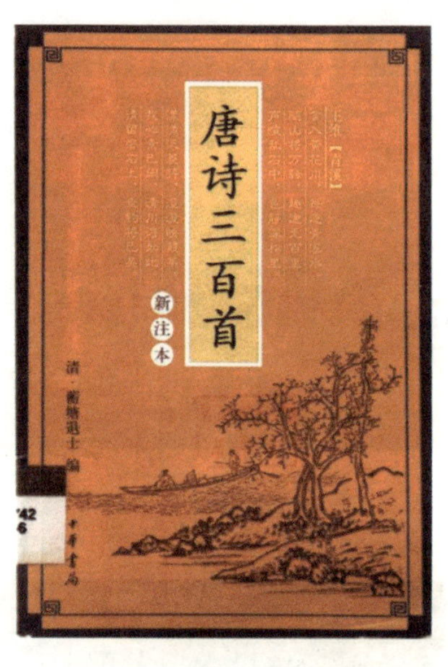

《唐诗三百首》

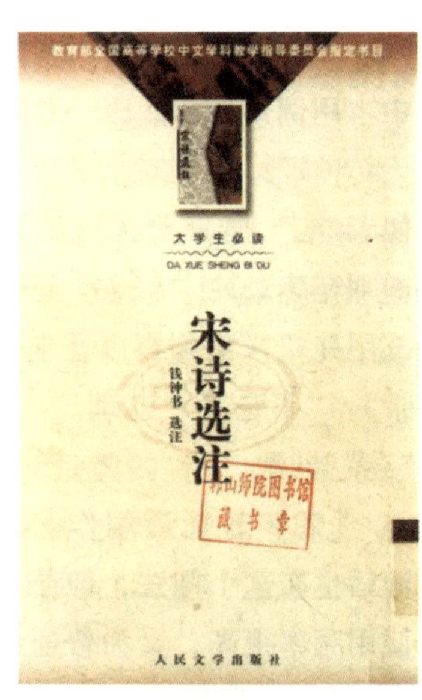

《宋诗选注》

［行止］品行，“行”音［hêng^{6}］（杏）。《旧唐书·韦贯之传》：“同列以张仲素、段文昌进名为学士，贯之阻之，以行止未正，不宜在内庭。”后代沿用之。如《醒世恒言·黄秀才徼灵玉马坠》：“想必那没行止的秀才，从此而去。”《警世通言·苏知县罗衫再合》：“李生摇手连声道：‘小生有志攀月中丹桂，无心恋那野外闲花。请勿多言，恐污行止。’”

［笊篱］漏勺，潮音［zao^{2}loi^{7}］（走犁$_{\text{阳去}}$）。唐·段成式《酉阳杂俎·忠志》：“安禄山恩宠莫比，锡赍无数。其所赐品目有……银笊篱。”《景德传灯录·令遵禅师》：“问：‘如何是漏？’师曰：‘笊篱。’问：‘如何是无漏？’师曰：‘木勺。’”后代仍沿用之。《警世通言·钝秀才一朝交泰》：“将笊篱笊起沟内残饭。”

［东司］茅坑，多为露天。“东司”一词，宋代已见。无名氏《张

协状元》戏文第四十五出："夫人，生得好时，讨来早辰间侍奉我们汤药，黄昏侍奉我们上东司。"后代仍沿用之。《喻世明言·史弘肇龙虎君臣会》："定眼看时，却是史大汉弯跧蹲在东司边。"亦写作"东厕"、"东斯"。《初刻拍案惊奇》卷二十一："此必有人干甚紧事，带了来用，因为上东厕，挂在壁间，丢下了的。"《醒世恒言·李汧公穷邸遇侠客》："支成上了东斯转来，烹了茶捧进书室。""厕"、"斯"两字普通话皆读［si］，潮音读［si^{1}］，与"司"同音。

［房］ 指宗族或家庭的分支，唐代已见。《新唐书·宰相世系表》："李氏分陇西、赵郡二支：陇西有四房，赵郡有六房。"后代仍沿用之。《醒世恒言·徐老仆义愤成家》："间壁一个邻家抬头看见便道：'徐老官，你如今分在三房里了。'"

［家事］ 指家产，整个家庭的财物。"家事"一词，唐代已见。唐·蒋防《霍小玉传》："我小娘子即霍王女也，家事破散，失身于人。"后代仍用之。《喻世明言·陈御史巧勘金钗钿》："学曾扶柩回家，守制三年，家事愈加消乏，止存下几间破房子，连口食都不周了。"《醒世恒言·徐老仆义愤成家》："他比杜亮更是不同，曾独力与孤孀主母，挣起个天大家事。"《二刻拍案惊奇》卷十："他拿了我千贯的票子，若不夺得家事来，他好向那里讨？"

［家私］ 潮音［gê^{1}si^{1}］，与粤语一样，指的是家具。"家私"指家庭的日用器物，唐代已见。李商隐《杂纂》："早晚不点检门户家私，失家长体。"后来又泛指家产、家财。《京本通俗小说·志诚张主管》："王招宣赎免张士廉罪犯，将家私给还，仍旧开胭脂绒线铺。"《喻世明言·滕大尹鬼断家私》："赵裁出门前一日，曾与小人酒后争句闲话，一时发怒，打到他家，毁了他几件家私。"

［家火］ 指器用、工具。"家伙（家火）"一词，应是唐宋时语，《京本通俗小说·错斩崔宁》："刘官人一觉直至三更方醒，见桌上灯犹未灭，小娘子不在身边，只道他还在厨下收拾家火。"后代仍用之。《喻世明言·蒋兴哥重会珍珠衫》："第三日，同小二薛婆来取家火。"《醒世恒言·卖油郎独占花魁》："秦重一闻此言，即日收拾了家火，搬回十老家里。""家火"也写作"家伙"。《醒世恒言·灌园叟晚逢仙女》："家人收拾家伙先去。"《警世通言·乔彦杰一妾破家》："高氏急了，无家伙在手边，教周氏去灶前捉把劈柴斧头……"

［**交椅**］指有靠背的椅子，有扶手或没扶手都可以。“交椅”原来是一种椅腿交叉、能折叠的躺椅。宋·程大昌《演繁露》：“今之交椅，本自虏来，始名胡床。”宋·陶谷《清异录·逍遥座》：“胡床施转关以交足，穿便绦以容坐，转缩须臾，重不数斤。”可见宋以前已有此词。在“三言二拍”中，“交椅”多指有扶手的椅子，潮汕方言又叫“太师椅”。《喻世明言·简帖僧巧骗皇甫妻》：“家里莫甚么活计，却好一个房舍，也有粉青帐儿，有交椅、桌凳之类。”《醒世恒言·卖油郎独占花魁》：“吴八公子见了，放下面皮，气忿忿的像关云长单刀赴会，一把交椅，朝外而坐，狠仆侍立于傍。”《初刻拍案惊奇》卷一：“主人又拉了文若虚，交椅整一整，不管众人好歹，纳他头一位坐下了。”

［**生理**］“生理”的“生”潮音文读为［sêng^{1}］(升)，指生意。宋朝时也泛指生意。苏轼《次韵高要令刘湜峡山寺见寄》诗：“陋邦真可老，生理亦粗足。”后代沿用之。《喻世明言·沈小官一鸟害七命》：“（张公）不上街做生理，一直奔回家去。”《醒世恒言·两县令竞义婚孤女》：“贾昌意思要密访个好主儿，嫁他出去了，方才放心，自家好出门做生理。”《警世通言·宋小官团圆破毡笠》：“（宋敦）夫妻两口不做生理，靠着祖遗田地，见成收些租课为活。”又，指现代科学的“生理”时，“生”潮音白读为［sên^{1}］（些）。

［**大后日**］大后天，后天的明天。唐宋叫“外后日”。宋·陆游《老学庵笔记》卷十：“今人谓后三日为外后日，意谓俗语耳。偶读《唐逸史·裴老传》，乃有此语。裴大历中人，则此称亦久矣。”后代改叫“大后日”，例如《醒世恒言·卖油郎独占花魁》：“九妈道：‘今日是黄衙内约下游湖；明日是张山人一班清客，邀他做诗社；后日是韩尚书的公子，数日前送下东道在这里。你且到大后日来看。’”

［**壁角边**］角落。“壁角”一词，唐代已见。谷神子《博异志·崔无隐》：“师恐，立于壁角中。”薛渔思《河东记·申屠澄》：“于壁角之下，见一虎皮，尘埃积满。”后代仍沿用之。《醒世恒言·乔太守乱点鸳鸯谱》：“慧娘自觉无颜，坐在一个壁角边哭泣。”又《醒世恒言·一文钱小隙造奇冤》：“赵一郎起初唤丁老儿时，不道赵寿怀此恶念。蓦见他行凶，惊得直缩到一壁角边去。”

［**破钱**］破费钱财，花钱。潮汕方言成语云：“破钱抵厄。”（花钱

消灾）花费钱财叫做“破”的说法，唐代已经有了。段成式《酉阳杂俎·天咫》：“有女年十四五，艳丽聪悟，鼻两孔各垂息肉如皂荚子……痛入心髓。其父破数百万治之，不瘥。”后代仍用之。如《喻世明言·裴晋公义还原配》：“那刺史费了许多心机，破了许多钱钞，要博相国一个大欢喜。”

［**做生日**］庆祝生日，祝寿。唐宋时代多为“作生日”。《云溪友议·韦皋》：“因作生日，节镇所贺，皆贡珍奇。”宋·杨万里《水调歌头》词：“年年九月，好为阿母作生辰。”后代仍沿用之。《初刻拍案惊奇》卷二十二：“七郎赏赐无算，那鸨儿又有作生日、打差买物事、替还债许多科分出来。七郎挥金如土，并无吝啬。”《喻世明言·蒋兴哥重会珍珠衫》：“光阴迅速，又到七月初七日了，正是三巧儿的生日。婆子清早备下两盒礼，与他作生日。”

［**耍**］潮音［seng^{2}］（酸$_{\text{阴上}}$），玩耍，玩儿。“耍”表示“玩耍”，宋代已有用例。周邦彦《意难忘·美咏》词：“长颦知有恨，贪耍不成妆。”后代仍用之。如《警世通言·计押番金鳗产祸》：“宅里有个小官人，叫做佛郎，年方七岁，只是得人惜。有时往来庆奴那里耍。”《醒世恒言·闹樊楼多情周胜仙》：“那作娘道：‘这个事却不是耍的事。’”

［**寸进**］小小的进步，多数用为自谦词。唐宋时代，“寸进”一词已常使用。唐·顾况《从江西至彭蠡入浙西淮南界道中寄齐相公》：“蹇步惭寸进，饰装随转蓬。”宋·梅尧臣《途中寄上尚书晏相公》：“官虽寸进实过分，名姓已被贤者知。”后代仍沿用之。如《初刻拍案惊奇》卷十：“吾辈若有寸进，怕没有名门旧族来结丝萝？”

［**相骂**］吵架。“相骂”一词，唐五代已见。《左传·僖公二十八年》：“晋侯梦与楚子博……”唐·孔颖达疏引服虔云：“如俗语相骂云……”《五代史·卢损传》：“（损）与任赞、刘昌素、薛均、高总同年擢第，所在相诟，时人谓之‘相骂榜’。”后代仍沿用之。如《醒世恒言·一文钱小隙造奇冤》：“（邻里）未免偏向邱乙大几分，把相骂的事情，增添得重大了。”

［**箍**］潮音［kou^{1}］（苦$_{\text{阴平}}$），用作动词，如“箍桶”；也可用作名词，如“桶箍”、“铁箍”、“篾箍”等。“箍桶”之说，宋代已见。《朱子语类·论语·里仁》：“如一个桶，须是先将木来做成片子，却

将一个箍来箍敛。若无片子，便把一个箍去箍敛，全然盛水不得。”《广韵》平声“模”韵：“箍，以篾束物；古胡切。”后代仍用之。如《喻世明言·沈小官一鸟害七命》：“有个箍桶的，叫做张公。”

[尾] 鱼的量词，条。唐代已经用“尾”作鱼的量词。柳宗元《游黄溪记》：“有鱼数百尾，方来会石下。”后代沿用之。如《喻世明言·任孝子烈性为神》：“周得霎时买得一尾鱼，一只猪蹄。”

[搭] 片，方，块，面积量词。如：“你个衫一搭乌乌。”（你的衣服上有一小片地方弄黑了）“搭”用作量词，唐代已见。卢仝《月食》诗：“摧环破璧眼看尽，当天一搭如煤炱。”后代仍沿用之。如《警世通言·赵春儿重旺曹家庄》：“春儿拿开了绩麻的篮儿，指这搭……”

[帖] 中药的量词，剂，服。“帖”作为药的量词，唐代已见。《全唐诗》八百七十八卷引《蜀童谣》：“我有一帖药，其名曰阿魏。”后代仍沿用之。《醒世恒言·李道人独步云门》：“李清这老儿古怪，不消自到病人家里切脉看病，只要说个症候，怎生模样，便信手撮上一帖药。也不论这药料，有贵有贱，也不论见效不见效，但是一帖，要一百个钱。若讨他两帖的，便道：‘我的药怎么还用两帖？’情愿退还了钱，连这一帖也不发了。”

[件件] 复数量词，每一样。潮汕俗语云：“件件能，无件精。”（每一样都会一点，但没有一样是精通的）宋代已有此用法。宋·惠洪《冷斋夜话·满城风雨近重阳》：“黄州潘大临工诗，多佳句，然甚贫。东坡、山谷尤喜之。临川谢无逸以书问：‘有新作否？’潘答曰：‘秋来景物，件件是佳句。’”后代沿用之。《二刻拍案惊奇》卷二十一：“一心猜是那个人了，更觉语言行动件件可疑，越辨越像。”

[终日] 整天，成天。如：“伊终日在内读书，无出去过。”（他整天在屋里读书，没出去过）“终日”一词，唐代已见。唐·蒋防《霍小玉传》：“母谓曰：‘……尔终日吟想，何如一见。’”后代用例更多，如《醒世恒言·刘小官雌雄兄弟》：“刘奇在刘公家住有半年，……只是终日坐食，心有不安。”《警世通言·李谪仙醉草吓蛮书》：“（贺知章）终日共李白饮酒赋诗。”《初刻拍案惊奇》卷三十五：“（贾人）一日祷告毕，睡倒在廊檐下。一霎儿，被殿前灵派侯摄去，问他终日埋天怨地的缘故。”

四、元明以降词语

元明以降的词语，上至元曲，下至清代的小说，文学作品中多见，光从“三言二拍”中，我们就能找出上百条来。“三言二拍”是“三言”和“二拍”的合称。“三言”指的是明末文学家冯梦龙所辑著的话本集《喻世明言》(《古今小说》)、《警世通言》和《醒世恒言》；“二拍”是指明末凌濛初所辑著的《初刻拍案惊奇》和《二刻拍案惊奇》。冯梦龙是长洲（今江苏吴县）人，凌濛初是浙江乌程（今吴兴）人，他们的作品中难免带有当时的江浙方言的特点，而吴语跟闽语的关系是非常密切的，这是“三言二拍”中存在很多与现在粤东闽语相同的词语的原因之一。同是古代汉语的分支，即使地域和历史层次不同，也是可以存在相同的词语的。“三言二拍”是明末的产物，其语言从总体来看，口语性较强，是当时的语言面貌的真实反映。但我们也只能说，“三言二拍”中的词语是明代流行的词语，是当时社会上使用的词语。因为这些词语中，有一部分可能产生和使用于明代，但还有一部分是从古代汉语中直接继承下来的，其产生的年代远远早于明代。如粤东闽语中至今仍在使用的有些词语，就是从古代汉语中保留下来，并在明代的江浙一带仍有使用的不同历史层次的词语。我们把这些词语分成名词、形容词、动词和其他四类进行介绍。

“三言二拍”

（一）名词

［身尸］ 尸体。《喻世明言·新桥市韩五卖春情》：“孩儿死后，将身尸丢在水中。”《醒世恒言·十五贯戏言成巧祸》：“王老员外和女儿一步一颠走回来，见了女婿身尸，哭了一场。”

［身家］ 家产，家财。《二刻拍案惊奇》卷二十六：“侄儿有些身家，也不想他的。”引申指有地位的。《醒世恒言·蔡瑞虹忍辱报仇》：

“瑞虹举目看那人面貌魁梧，服饰齐整，见众人称他老爹，料必是个有身家的，哭拜在地。”

［家长］“长”潮音［$dion^2$］（场$_{阴上}$），原是店中的伙计对管家的称谓。“三言”中用以指东家、老板，词义甚近。《醒世恒言·张孝基陈留认舅》：“众家人听得家长声喊，都走拢来看时，过迁已自去得好远。”又《醒世恒言·施润泽滩阙遇友》：“工人知是家长所为，谁敢再言？”《警世通言·金令史美婢酬秀童》：“只见家里小厮叫做秀童，吃得半醉从外走来，见了家长，倒退几步。”“家长”表示一家之长的义项时，潮音读“长”为［$ziang^2$］（涨$_{阴上}$），与上义读音不同。

［心性］性情，脾气。《警世通言·蒋淑真刎颈鸳鸯会》：“却这女儿心性有些蹺蹊。”《醒世恒言·金海陵纵欲亡身》：“海陵道：‘夫人心性如何？’女待诏道：‘夫人端进严厉，言笑不苟。’”《喻世明言·单符郎全州佳偶》：“春娘道：‘若司户左右要觅针线人，得我为之，素知阿姊心性，强似寻生分人也。’”《初刻拍案惊奇》卷三十八：“夫人心性，最是妒忌。”

［名头］名声，名气。《醒世恒言·卢太学诗酒傲王侯》：“众人还想连宾客都拿，内中有人认得俱是贵家公子，又是有名头秀才，遂不敢去惹他。”又《醒世恒言·李道人独步云门》：“这名头就满城传遍，都称他作李一帖。”“名头”一词，元杂剧已见。杨显之《桃花女》第一折：“你的名头传播的远了，那算卦的人难道为这一个不著便不来要你算？”

［无脚蟹］比喻无依无靠的人，欺负孤立无助的人叫做“欺负无脚蟹”。《醒世恒言·卖油郎独占花魁》：“你是个孤身女儿，无脚蟹。”又《醒世恒言·徐老仆义愤成家》：“（颜氏）哭道：‘二位伯伯，我是个孤孀妇人，儿女又小，就是无脚蟹一般。’”

［滚水］开水。《醒世恒言·薛录事鱼服证仙》：“将鱼片切得雪片也似薄薄的，略在滚水里一转，便捞起来。”“滚水”一词，元代已见。马致远《无题》小令：“他心罢，咱便舍，空担着这场风月。一锅滚水冷定也，再攛红儿时得热？”

［灶头］灶台。《喻世明言·宋四公大闹禁魂张》：“（娘子）盛了五个馒头，就灶头合儿里多撮些物料在里面。”《警世通言·计押番金鳗产祸》：“（周三）去那灶头边摸着把刀在手，黑地里立着。”

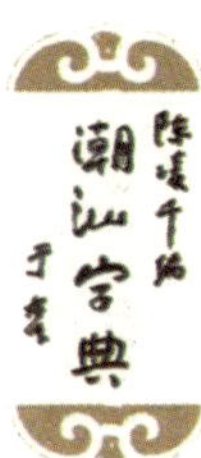

[灶前] 指灶的前面，经常是堆放柴草的地方，也泛指厨房。“三言”中多指厨房。《喻世明言·任孝子烈性为神》：“春梅在灶前收拾未了，听得敲门，执灯去开门。”《警世通言·三现身包龙图断冤》：“王兴道：‘姐姐，你寻常说那灶前看见押司的话，我也都记得。’”又《警世通言·乔彦杰一妾破家》：“高氏急了，无家伙在手边，教周氏去灶前捉把劈柴斧头……”

[铺陈] “铺陈”的“陈”潮音［ding^{5}］(尘)，也叫“铺陈被席”，指铺盖。《喻世明言·蒋兴哥重会珍珠衫》：“自己只带得本钱银两、账目底本及随身衣服、铺陈之类。”《醒世恒言·三孝廉让产立高名》：“室中只用铺陈一副，兄弟三人同睡。”《警世通言·宋小官团圆破毡笠》：“宋金乃分付家童，先把铺陈行李发下船来。”“铺陈”指铺盖卧具，元代已有用例。元·施惠《幽闺记·皇华悲遇》：“昨日爹到得晚了，驿丞不曾准备得铺陈，把自睡的铺卧拿出来了。”

[春盛] “春盛”的“盛”潮音［sian^{7}］(城$_{\text{阳去}}$)，指一种有盖、分层的竹制大篮子，乡间迎亲送礼、上坟扫墓时用之，常成对使用。《初刻拍案惊奇》卷三十八：“你为什么不挑了春盛担子，齐齐整整上坟？”元曲中也多见用例。《玉壶春》一：“梅香，你……将那春盛担儿，放在一壁，俺慢慢的赏玩咱。”《萧淑兰》一：“手下人，收拾春盛盒，担往山头走一遭去。”

[人情] 指情面、交情时，“情”潮音文读为［cêng^{5}］(橙)；指情分、情意时白读为［zian^{5}］（正$_{\text{阳平}}$）。《喻世明言·汪信之一死救全家》：“你自家有绢，自家做人情，莫要干涉老娘。”《警世通言·金令史美婢酬秀童》：“县主落得乡官面上做个人情。”这两个例子潮音都应作白读。

[大头脑] “头脑”的“脑”潮音［lo^{2}］(裸)，指领导、上司、大人物。《初刻拍案惊奇》卷二十二：“在京都开几处解点库，又有几所绸缎铺，专一放官吏债，打大头脑的。”《二刻拍案惊奇》卷三十二：“如此两位大头脑，去说些小附舟之事，你道敢不依么。”指人的头部时潮音文读为［nao^{2}］（恼），与上面义项的白读音不同。

[旧年] 去年。《初刻拍案惊奇》卷二十七：“（高公）又叫夫人对他说道：‘……前日因去查问此事，有平江路官吏相见，说旧年有一人告理。’”《喻世明言·任孝子烈性为神》：“梁家有一个女儿，小

名圣金，年二十余岁……旧年嫁在城外牛皮街卖生药的主管。”

[物件] 泛指东西。“物件”一词，元代已见。元·高文秀《黑旋风双献功》：“假若是买物件，多和少也不和他争。”董解元《西厢记诸宫调》卷七：“寄来的物件，斑管、瑶琴……”明代继续使用，《醒世恒言·小水湾天狐诒书》：“王臣谢了众人，遂买了一所房屋制备、日用家伙物件。”《警世通言·假神仙大闹华光庙》：“魏公慌忙买办合用物件。”《初刻拍案惊奇》卷二十七：“此画也是舟中所失物件之一。”

[尖担] 一种两头削尖、用来挑柴草的农具。“尖担两头脱”比喻两头落空，在元代是个流行的俗语。佚名《气英布》第一折：“则怕你弄的咱做了尖担两头脱。”元·关汉卿《救风尘》第三折：“若与了一纸休书，那妇人就一道烟去了。这婆娘若是不嫁我呵，可不弄得尖担两头脱。”明代继续沿用。如《警世通言·俞伯牙摔琴谢知音》：“此人上船，果然是个樵夫，头戴箬笠，身披草衣，手持尖担，腰插板斧，脚踏芒鞋。”

[花字] 板眼、办法。如：“件事物来有花字。”（这件事办得有板有眼的）“花字”在明代指花押，是一种签名画押的手续。《二刻拍案惊奇》卷十：“银子是你晚老子朱三官所借，却是为你用的，他也着得有花字。”可能“有花字”便是手续完整，后来便引申为有板有眼，有办法。

[色认] 色记，记号。《醒世恒言·陆五汉硬留合色鞋》：“止记得你左腰间有个疮痕肿起，大如铜钱，只这个便是色认。”

（二）形容词

[花嘴] 指花言巧语，爱说谎，也作“花嘴白舌”。《醒世恒言·卖油郎独占花魁》：“这都是刘四妈这个花嘴，哄我落坑坠堑，致有今日。”“花嘴”在明清时代是个常用词，用例俯拾皆是。明·天然痴叟《石点头》第四回：“那凤奴年已十五岁，已解人事，见孙三郎花嘴花舌，说着浑话……”《西湖二集》二十四：“……欺世盗名，花嘴利舌，后来侥幸中了进士。”

[健] 潮音白读为［gian^{7}］（惊$_{阳去}$），单音节词，形容老人身体健康叫“轻健”，谓人身体强健叫“健过龙鹿”。《醒世恒言·赫大卿遗

恨鸳鸯绦》："（那香公）身子如虎一般健，走跳如飞。"《警世通言·老门生三世报恩》："鲜于同年已八旬，健如壮年。""健"音文读为［giang^6］（建），如"健康"、"健步如飞"等。

［**嘴尖**］形容人会说话，伶牙俐齿，也作"嘴尖舌团利"，俗语有"嘴团尖尖利过刀"（嘴利如刀），多用贬义。《喻世明言·沈小官一鸟害七命》："这小狗入的，忒也嘴尖。"《金瓶梅词话》第四十三回："单管嘴尖舌快的，不管你事，也来插一脚。"

［**大剌剌**］大大咧咧，大模大样，不礼貌，不仔细。《初刻拍案惊奇》卷二："那月娥妆做个认识的样子，大剌剌地走进门来。"又卷二十五："只见门外两个公人，大剌剌地走将进来。"

［**在行**］潮音［zai^{6}hang^5］，也作"老在行"，行家里手，形容词。《醒世恒言·卖油郎独占花魁》："自己曾开过六陈铺子，卖油之事，都则在行。"《初刻拍案惊奇》卷一："文若虚其实不知值多少。讨少了，怕不在行；讨多了，怕吃笑。"又卷十八："富翁是久惯这事的，颇称在行。"

［**成人**］"成人"的"成"潮音［zian^5］（正阳平），也作"成人成鬼"，形容人开始懂事，行为上像个人样儿，不是指成年。指长大成人一义，潮音读［sêng^{5}nang^5］。《醒世恒言·张孝基陈留认舅》："过善喝道：'只道你这畜生改悔前心，尚有成人之日。'"又："这畜生到底不成人的了。"

［**烦恼**］"烦恼"的"恼"潮音［lo^2］（裸），是担心、担忧、发愁的意思，如："有食有穿免烦恼。"（有吃的有穿的，什么也不用担忧）在普通话的"烦闷苦恼"一义中，"恼"潮音文读为［nao^2］，［lo^2］是其白读。《喻世明言·陈从善梅岭失浑家》："如春酒也不吃，食也不吃，只是烦恼。"《警世通言·吕大郎还金完骨肉》："王氏生下一个孩子，小名喜儿，方十六岁，跟邻家出去看神会，夜晚不回，夫妻两个烦恼。"这三个例子中的"烦恼"都是担忧、发愁的意思，跟潮汕话相同。

［**生分**］潮音［cên^{1}hung^7］（青份），指陌生、觉得有点疏远，陌生人叫"生分人"。《二刻拍案惊奇》卷十："莫妈此时也不好生分，得大家没甚说话，打发他回去。""生分"是近代汉语的常用词，《红楼梦》第三十回："要等他们来劝咱们，那时候儿，岂不咱们倒觉生

分了。”

[鏖糟] 作形容词用时潮音白读为［o^{1}zo^{1}］（窝左$_{\text{阴平}}$），形容人不讲卫生、脏兮兮为“鏖糟垃圾相”［o^{1}zo^{1}nah^{4}sab^{4}sion^{3}］。《喻世明言·史弘肇龙虎君臣会》：“郭大郎取下头巾，除下一条鏖糟油边子来。”元·陶宗仪《辍耕录》卷十：“俗以不洁为鏖糟。”明·岳元声《方言据》卷上：“物之不净者为鏖糟。”此词潮汕话还可以用作动词，指糟践、浪费东西，潮音文读为［ao^{1}zao^{1}］（欧遭）。

[狼犺] 潮音［lo^{5}ho^{1}］（罗河$_{\text{阴平}}$）或［la^{5}ha^{1}］（朥哈$_{\text{阴平}}$），人或物体笨大、占地方，潮汕话叫“狼犺镇地”［lo^{5}ho^{1}ding^{3}do^{3}］。《二刻拍案惊奇》卷六：“把家中细软尽情藏过，狼犺家伙什物，多将来卖掉。”《初刻拍案惊奇》卷一：“也著不得这样狼犺东西。”“狼犺”在明清时代是个常用词，《西游记》第二十四回：“自家身子又狼犺，不易移动。”《红楼梦》第八回：“胎中之儿，口中多大，怎得衔此狼犺蠢大之物。”“狼犺”也作“郎伉”，《西游记》第四十七回：“真个变过头来，也像女孩儿面目，只是肚子胖大郎伉。”“狼犺”，潮音本应读［lang^{5}hang^{1}］（廊杭$_{\text{阴平}}$），阴阳对转而为［lo^{5}lo^{1}］或［la^{5}ha^{1}］。

[当时] 指蔬菜、水果等当令，引申为指女孩正当豆蔻年华。潮汕旧时歌谣云：“十七十八上当时，十九二十过两年，廿一廿二无人爱，廿三廿四倒贴钱。”《醒世恒言·赫大卿遗恨鸳鸯绦》：“原来这女童年纪也在当时，初起见赫大卿与静真百般戏弄，心中也欲尝尝滋味。”

[无影] 指没有事实根据的，也作“无影迹”或“无影无迹”。《喻世明言·明悟禅师赶五戒》：“子瞻道：‘你那学佛，是无影之谈。’”《醒世恒言·李玉英狱中讼冤》：“玉英哭道：‘那里说起，却将无影丑事来肮脏。’”

[上好] 最好，是个比较词组，“上”作副词表示“最”，潮音［siang^{6}］。《醒世恒言·蔡瑞虹忍辱报仇》：“（赵贵）思念老蔡指挥昔年之情，将蔡武特升了湖广荆襄等处游击将军，是一个上好的美缺。”其他小说也常用此词，《红楼梦》第七十七回：“但那包人参，固然是上好的，只是年代太陈。”

[不打紧] 不紧要的，不重视。《喻世明言·沈小官一鸟害七命》：“别的不打紧，只这个画眉，至少也要值二三百两银子。”《醒世恒言·

张淑儿巧智脱杨生》：“女子扯住道：‘你去了不打紧，我家母亲极是厉害。’”

［冤屈］ 冤枉，用作形容词。如《喻世明言·沈小官一鸟害七命》：“有这等冤屈事！”“冤屈”也可用作动词，如“冤屈人”（冤枉人）。《警世通言·玉堂春落难逢夫》：“玉姐道：‘冤屈！分明是皮氏串通王婆和赵监生，合计毒死男子……’”

［着］ 潮音［dioh^{8}］，对。如：“条题做来会着。”（这道题做得对）《二刻拍案惊奇》卷二十四：“见说缪千户正在陈友定幕下，当道用事，威权隆重，门庭赫奕。自实喜之不胜，道是来得着了。”“来得着”，来得对。与潮汕话词义相同。

［旺相］“相”读［siang^{3}］（湘$_{阴去}$），原指火气旺，引申指兴旺、健旺。潮汕民间厨房的灶台上面，常贴有“灶神旺相”的纸条。《二刻拍案惊奇》卷三十四：“自然寿命延长，身体旺相。”此指健旺，是引申义。元曲《张生煮海》：“锅里水满了也，再放这枚金钱在内，用火烧着，只要火气十分旺相，一时间将此水煎滚起来。”此处用的是本义。

［准准］ 非常准确。如：“伊约落去到准准，百斤就是百斤。”（他猜得非常准确，真的是一百斤）《醒世恒言·刘小官雌雄兄弟》：“看看到晚，摸那老军身上，并无一些汗点。那时连刘公也慌张起来，又去请太医时，不肯来了。准准到第七日，呜呼哀哉！”

（三）动词

［打铺］“打”训读为“拍”［pah^{4}］（颇鸭切），指临时搭个便床睡觉。《喻世明言·木绵庵郑虎臣报冤》：“王小四也打铺在外间相伴，妇人在里铺上独宿。”《醒世恒言·吴衙内邻舟赴约》：“夫人又来看视一番，催丫鬟吃了夜饭，进来打铺相伴。”《警世通言·苏知县罗衫再合》：“苏胜打铺睡在舱口。”

［早起］“早”潮音文读为［zao^{2}］（蚤），谓起床。表示不在乎起床的时间早晚，可以说“早窨晏早起”（早睡晚起）。《喻世明言·新桥市韩五卖春情》：“次日早起，换身好衣服，打扮齐整。”《警世通言·陈可常端阳仙化》：“（陈秀才）回店歇了一夜，早起算了房宿钱。”《二刻拍案惊奇》卷十四：“第三日早起，尚未梳洗，两人正在

促膝而坐。”“早起”也作“蚤起”，“蚤”通“早”。《醒世恒言·刘小官雌雄兄弟》：“到了次蚤清晨，刘妈妈蚤起，又整顿酒饭与他吃了。”“早”字通常白读为［za²］（渣阴上）。

［**使钱**］花钱。潮州俗谚云：“有钱无块使，买龟放落海。”《喻世明言·临安里钱婆留发迹》：“一面我自着人替你在县尉处上下使钱……”《警世通言·玉堂春落难逢夫》：“王定早晨本要来接公子回寓，见他撒漫使钱，有不然之色。”《警世通言·福禄寿三星度世》：“本道看着妻子道：‘今日使钱，明日使钱，金山也有使尽时。’”《二刻拍案惊奇》卷十二：“我见他如此撒漫使钱，道他家中必然富饶，故有嫁他之意。”

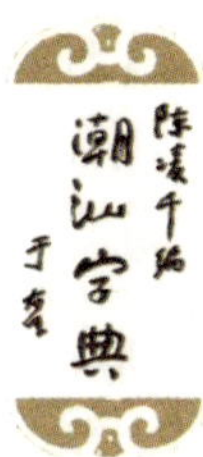

［**破家**］败家。潮州俗谚云：“好生破家团，孬生毙眉儿。”（宁可生个败家子，也不愿意养个窝囊废）《喻世明言·杨谦之客舫遇侠僧》：“富户吃了千辛万苦，费了若干财物，破了家才设法得一罐子。”《警世通言·钝秀才一朝交泰》：“先生道：‘不但破家，亦防伤命。’”

［**做脚手**］做手脚，耍手腕弄虚作假。“脚”字训读为［ka¹］（卡阴平）。《警世通言·玉堂春落难逢夫》：“小妇人果有恶意，何不在半路谋害？既到了他家，他怎容得小妇人做手脚。”“做手脚”即“做脚手”，近代汉语多作“做手脚”。如《水浒传》第二十五回：“婆子只叫得：‘武大来呀！’那婆娘正在房里，做手脚不迭，先奔来顶住了门。”

［**行踏**］走动，来往。如：“伊只段好少来只块行踏。”（他最近很少到这儿来）《喻世明言·新桥市韩五卖春情》：“那儿家邻舍，初然只晓得吴山行踏，次后见往来不绝，方晓得是个做大的。”

［**刁蹬**］“蹬”潮音［dung³］，指故意为难、刁难。如：“伊官虽细刁蹬人哩上强。”（他官虽小，但刁难人却有一手）《醒世恒言·施润泽滩阙遇友》：“那邻家……故意作难刁蹬，直征个心满意足，方才移去。”元曲中也多见此词。《陈州粜米》一：“他若是将咱刁蹬，休道我不敢掀腾。”“刁蹬”也作“刁顿”，清·李渔《怜香伴·鞅望》：“成与不成也要说，为何这等刁顿人。”

［**惜**］怜爱，疼爱。潮州民俗谚语云：“惜落顺势，惜起倒剃。”（疼爱下辈人容易，孝敬长辈比较难）《警世通言·计押番金鳗产祸》：“宅里有个小官人，叫做佛郎，年方七岁，直是得人惜，有时往来庆

奴那里耍。”此处“得人惜”的说法与潮语一模一样。

［**相贺**］祝贺，道喜。如：“阿六爱结婚，么着来去个伊相贺。”（阿六要结婚，我们得去向他贺喜）《醒世恒言·马当神风送滕王阁》：“此时满船人相贺道：‘郎君奇才，能动江神，乃得获安。’”

［**相辅**］帮忙，帮助。《警世通言·俞伯牙摔琴谢知音》：“子期道：‘实不相瞒，舍间上有年迈二亲，下无手足相辅。’”

［**相叫**］招呼，打招呼。《喻世明言·新桥市韩五卖春情》：“主管相叫罢，将日逐卖丝的银子账来算一回。”《警世通言·一窟鬼癞道人除怪》：“王七三官人道：‘适来见教授，又不敢相叫，特地教量酒来相请。’”《醒世恒言·卖油郎独占花魁》：“（美娘）收拾已完，随着四妈出房，拜别了假爹假妈，和那姨娘行中，都相叫了。”

［**作成**］潮音［zo^{3}zian^5］，潮汕话指婚事谈成，下了聘礼，即订婚。“三言二拍”中指成全、帮助，也包括成全婚事，词义接近。《二刻拍案惊奇》卷十七：“闻俊卿心下想到，不若权且应承，定下此女，他日作成了杜子中。”

［**上行**］潮音［zion^{6}hang^5］（浆$_{\text{阳上}}$杭），上集市买卖东西。“行”指“行市”、“行铺”。《喻世明言·史弘肇龙虎君臣会》：“那里去偷只狗子，把来打杀了，煮熟去卖，却不须去上行。”《警世通言·万秀娘仇报山亭儿》：“你只管躲懒，没个长进。今日也好去上行些个‘山亭儿’来卖。”

［**等**］潮音［dêng^2］（顶），称物体的重量。如：“等看几斤。”（称称看有几斤重）《初刻拍案惊奇》卷一：“文若虚接了银钱，手中等等看，约有两把重。”

［**准**］当，当作。如：“个手表准作百银还你。”（这个手表当成一百元还给你）俗语云：“掠命准屎。”（不怕死，破罐子破摔）。《醒世恒言·卖油郎独占花魁》：“身边藏下些碎银两都用尽了，连身上外盖衣服，脱下准店钱。”

［**妆**］潮音［zeng^1］（砖），一笔一笔地涂描。《喻世明言·闲云庵阮三偿冤债》：“中间观音一尊，亏了陈太尉夫人发心喜舍，妆金完了。”《醒世恒言·汪大尹火焚宝莲寺》：“不是托言塑佛妆金，定是说重修殿宇。”“妆金”就是为佛像描金。

［**看相**］潮音［kang^{3}sion^3］（抗伤$_{\text{阴去}}$），仔细地看，观察。《二刻

拍案惊奇》卷三十九："懒龙说罢，先到混堂把身上洗得洁净，再来到船边看相动静。"此指观察，看风，范围较大。潮汕话多指集中于一点，仔细端详。

［搭］①乘坐（交通工具），如"搭船"、"搭飞机"、"搭车"、"搭渡"。潮州俗谚："行猛路唔如搭着渡。"（路走得快不如刚好赶上渡船，强调刚好抓住机会的重要性）《喻世明言·杨八老越国奇逢》："（杨八老）出门搭了船，只往东南一路进发。"《警世通言·苏知县罗衫再合》："苏雨领命，收拾包裹，陆路短盘，水路搭船，不则一月，来到兰溪。"②搭盖、盖建，如"搭草寮"等。《醒世恒言·张淑儿巧智脱杨生》："这一所草房，也是寺里搭盖的。"《警世通言·宋小官团圆破毡笠》："（宋敦）近前看时，却是矮矮一个芦席棚，搭在庙垣之侧。"③用工具勾搭住（东西）。《醒世恒言·刘小官雌雄兄弟》："忽然，一阵大风，把那船吹近岸旁。岸上人一齐喊声：'好了！'顷刻挽挠钩子二十多张，一齐都下，搭住那船，救起十数多人。"

［透］透露，告诉，引申为劝告。如："我透你先走好。"（我劝你还是先走开的好）《醒世恒言·张孝基陈留认舅》："到晚间过迁回来，这小厮先把信儿透与知道。"《警世通言·吕大郎还金完骨肉》："（杨氏）直挨到酉牌时分，只得与王氏透个消息。"

［做神做鬼］装神弄鬼，也作"做神做诀"。《喻世明言·任孝子烈性为神》："那妇人气喘气促，做神做鬼，假意儿装妖做势。"其他小说用例也多见。《水浒传》第九回："夜间听得那厮两人做神做鬼，把滚汤赚了你脚。"《红楼梦》第四十七回："既这么样，怎么不进来，又做神做鬼的？"

［褪］潮音［teng^{3}］（烫），脱（衣服、鞋子）。《醒世恒言·赫大卿遗恨鸳鸯绦》："（毛泼皮）不知怎地一扯，那裤子直褪下来。"其他小说也有用例。《红楼梦》第二十四回："宝玉坐在床沿上，褪了鞋。"

［落肚］指吃喝了东西。如："三杯酒落肚，伊就四散吐屎。"（三杯酒喝下去，他就开始胡说八道了）《二刻拍案惊奇》卷十四："宣教三杯酒落肚，这点热团团兴儿直从脚跟下冒出天庭来，那里按纳得住。"

（四）其他

［日逐］平日，平时，每天。如："我日逐在店铺相辅，趁碗饭

食。”（我平日在饭店里打工，换碗饭吃）《喻世明言·众名姬春风吊柳七》：“日逐车马填门，回他不脱。”《醒世恒言·两县令竞义婚孤女》：“潘华益无顾忌，日逐与无赖小人，酒食游戏。”《喻世明言·新桥市韩五卖春情》：“（主管）将日逐卖丝的银子账来算一回。”《初刻拍案惊奇》卷三十八：“引孙是个读书人……只靠伯父把得这些东西，日逐渐用去度日。”

［终须］终究，最后。如：“你唔听大人个话，终须着死。”（你不听大人的劝告，终究得倒霉）《醒世恒言·十五贯戏言成巧祸》：“你我两人，下半世也够吃用了，只管做这没天理的勾当，终须不是个好结果。”《初刻拍案惊奇》卷三十五：“从来欠债要还钱，冥府于斯倍灼然。若使得来非分内，终须有日复还原。”

［终久］终究，毕竟，还是。如：“伊孥囝终久还是孥囝，做事无若妥当。”（他毕竟还是个小孩，办事没那么靠谱）《醒世恒言·独孤生归途闹梦》：“遐叔答道：‘我朝最重科目。凡士子不繇及第出身，便做到九棘三槐，终久被人欺侮。’”《警世通言·乔彦杰一妾破家》：“周氏虽和小二有情，终久不比自住之时，两个任意取乐。”《初刻拍案惊奇》卷三十五：“两口儿见了儿子，心里老大欢喜。终久乍会之间，有些生煞煞。”

［颠倒］潮音［ding^1do^3］（镇$_{\text{阴平}}$刀$_{\text{阴去}}$），反而、反倒。如：“我无骂你，你颠倒来骂我？”（我没骂你，你反倒骂我）《喻世明言·任孝子烈性为神》：“我把这贼揪住，你们颠倒打我，被这贼走了。”《醒世恒言·张廷秀逃生救父》：“玉姐听到这几句话，羞得满面通红，颠倒大哭起来。”《初刻拍案惊奇》卷一：“文若虚其实不知值多少。讨少了，怕不在行；讨多了，怕吃笑。忖了一忖，面红耳热，颠倒讨不出价钱来。”元曲中也多有用例。元·佚名《陈州粜米》第四折：“他指望着赦来时有处裁，怎知道赦未来，先杀坏，这一番颠倒把人贷。”元·高明《琵琶记》第十四折：“我的声名，谁不钦敬？多少贵戚豪家，求为吾婿而不可得。叵耐一书生，颠倒不肯。”元·王实甫《西厢记》第三本第二折：“分明是你过犯，没来由把我摧残；使别人颠倒恶心烦。”

［干净］完全的，全部的。如：“我撮书干净文科个。”（我的书全是文科的）《警世通言·苏知县罗衫再合》：“朱婆叹口气想到，没处

安身，索性做个干净好人。”其他小说也有用例。《金瓶梅词话》第八十一回：“这天杀，原来连我也瞒了，嗔道路上卖了这一千两银子，干净要起毛心。”《西游记》第十八回：“老高，你空长了许多年纪，还不省事。若专以相貌取人，干净错了。”

[且未] 暂且不，迟点儿才。如：“通知还收唔着，撮钱且未去缴。”（通知还没收到，钱先别交）《喻世明言·明悟禅师赶五戒》：“（五戒）当夜分咐：我要出外间去乘凉，门窗且未要关。”

[头……头……] 一边……一边……如：“头行头哭。”（一边走，一边哭）《喻世明言·杨思温燕山逢故人》：“（周义）一头骂，一头哭夫人。”《醒世恒言·陈多寿生死夫妻》：“柳氏一头打寒颤，一头叫唤。”《二刻拍案惊奇》卷十四：“大夫取个大瓯，一头吃，一头骂。又取过纸笔，写下状词。一边写，一边喝酒。”“一头……一头……”跟“一边……一边……”同义。潮汕话省去“一”而作“头……头……”

第二节　因历时音变而潮人不自知的古代词语

潮汕方言中保存的一些古代词语，有因是古代的生僻字而难考者，也有因历时音变使常用词也变得难考者。后者往往是常用字（词），但其常用的读音与口语词的读音相去甚远，没有音韵学知识、未对潮汕方言和古音进行比较研究的读者，很难把两个或两个以上不同的读音联系在一起，从而把常用词看作某个口语词的本字。所以，群众通常以为这些口语词是“有音无字”，而且经常放着很常见的本字不写而写别的字。例如潮汕著名小吃“鼠曲粿”就经常被写作“鼠壳粿”。“鼠曲粿”因用“鼠曲草”做原料而得名，类似“菜头粿”、“芋粿”等。梁·宗懔《荆楚岁时记》：“三月三日是日取鼠曲菜汁作羹，以蜜和粉，谓之龙舌䉽，以压时气。”《本草纲目·草·鼠曲》云：“（鼠曲）原野中甚多，……茎叶柔软，叶长寸许，白绒如鼠耳之毛。”“曲”字繁体作“麴”，“酒麴”的“麴”潮汕话读作[kag⁴]（壳），所以“鼠曲”的“曲”也读[kag⁴]，不必写成同音字“壳”。其实，只要明白语音历时音变的对应规律，就很容易明白其中的道理，

有“咀破无酒食”的味道。有鉴于此，本文旨在把这些难考的常用词本字考释出来，为方言研究者提供历时音变资料，为汉语语音史的研究添砖加瓦，也为潮汕地区的方言文艺工作者和普通群众创作方言文艺作品提供方便。

我们按语音变化的规律，把考释出来的字（词）分为三类：①声母发生变化的词语；②韵母发生变化的词语；③声韵调综合变化的词语。

一、声母发生变化的词语

［长］ 指长短的“长”时常读音为［ciang^5］(昌$_{\text{阳平}}$）或［deng^5］(肠)。口语中有一词叫［diang^5］(珍$_{\text{阳平}}$)，指经常，如：“我长去伊块。”（我常常去他那里）“长”字《广韵》“澄”母“阳”韵开口三等平声，直良切。“澄”母字潮音文读为［z－］或［c－］，白读为［d－］或［t－］，读［diang^5］乃是声母白读音。相同变化规则的例子还有如“治”读［tai］（台）等。至于“长”指常常，是古代汉语到近代汉语的常见义项。如《庄子·秋水》：“吾长见笑于大方之家。”《老残游记》第七回：“（柳三爷）长到我们这里来坐坐。”

［转］ 潮音［deng^2］（当$_{\text{阴上}}$)，回。如“转去内”（回家)。《初刻拍案惊奇》卷一：“有的不带钱在身边，老大懊悔，急忙取了钱转来，文若虚已所剩不多了。”《醒世恒言·刘小官雌雄兄弟》：“刘公穿了木屐，出街头望了一望，复身进门。小厮看刘公转进来，只道不去了。”“转”也是“澄”母字，潮语白读音声母是［d－］，同理，“传球”、“传记”也读［deng］音。“转”俗字作“返”，是训读字。

［诈］ 常读音为［za^3］(炸)，如“诈骗”、“欺诈”等。口语中谓假装为［dên^3］(郑$_{\text{阴去}}$)，如“dên^{3}死”、“dên^{3}痴 dên^{3}愚”，本字就是“诈”。“诈”，《广韵》“庄”母“祃”韵去声字。“庄章”母字潮音通常读［z－］声母，但有些字读音同“知”母字，白读为［d－］，如“庄”母的“滓”读［dai^2］（歹）、“榨”读［dê^3］（音“茶”$_{\text{阴去}}$，用纱布等东西把有渣的液体从杂质中过滤出来）、“睁”读［dên^1］(郑$_{\text{阴平}}$)，“章”母的“注”读［du^3］(音“著”；“下大注”，下大的赌注)、“住”读［diu^7］（丢$_{\text{阳去}}$）等。另外，从“者”得声的“堵”、“赌”，从“至”得声的“致”，从“周”得声的“雕”、“碉”、“凋”

等声母都是［d－］，由此可见“庄”、“章”、“知”三组字的亲密关系。而“诈”读［d－］声母也是符合规律的。至于“麻”韵字，潮音文读为［－a］，白读为［－ê］，是普遍的规律（鼻化作用属于外部类化所致），如“把$_{\text{把门}}$”读［bên^{2}］等。“诈”作假装解，古籍用例俯拾皆是。《史记·孝文本纪》：“吴王诈病不朝。”诈病，无病装病。《警世通言·宋小官团圆破毡笠》：“初是，还是诈穷。以后坐吃山空，不上十年，弄做真穷了。”句中的“诈穷”意为装穷。《二刻拍案惊奇》卷三十一：“不如目今依了他们处法，诈痴佯呆，住了官司，且保全了父母，别图再报。”“诈”本来不应有鼻化成分，与下文“榨”一样。今读鼻化韵，乃受其他鼻化韵类化的结果。

［榨］常读音为［za^{3}］（炸），如“榨油”、“压榨”等。口语中有一个词［dê^{3}］（茶$_{\text{阴去}}$），指用纱布等东西把有渣的液体从杂质中过滤出来，使液体和渣滓分离。这个［dê^{3}］应该就是“榨”。“榨”的音韵地位与“诈”相同，［za^{3}］是它的文读音，［dê^{3}］是它的白读音，上面“诈”字条已经作了论证，这里不再赘述。过滤的词义是从榨压一义引申而来的，因为过滤的时候偶尔也有榨压的动作。

［治］常读音为［di^{7}］（地），如“治理”、“政治”等。口语中宰杀叫［tai^{5}］（台），如“［tai^{5}］鸡”、“［tai^{5}］人”、“相［tai^{5}］（打仗）”等，方言字写作“刣”。本字应该是“治”。“治”读［di^{7}］和［tai^{5}］是直接承继了古代的两个不同的读音：［di^{7}］音属《广韵》“澄”母“志”韵去声，直吏切，声母保留舌头音白读；［tai^{5}］属“澄”母“之”韵平声，持之切，声韵皆白读。“澄”母字潮音读［t－］的如“澄”、“滞”、“储”、“柱”、“痔”、“锤”、“槌”等；“之止志”韵字潮音读［－ai］韵母的很多，如“狸$_{\text{狐狸}}$”、“里$_{\text{里衣}}$”、“滓”、“柿”、“使”、“史”、“驶”等。故“治”的“持之切”一音正与潮音相合。又“治”字从“台”得声，亦读［tai^{5}］也。“治”的宰杀义，文献也多有用例。《说文解字·刀部》：“刈，楚人谓治鱼也。”北魏·贾思勰《齐民要术·炙法》第八十“做饼炙法”：“取好白鱼，净治，除骨取肉，……”此为“治鱼”。又《齐民要术·炙法》第八十“衔炙法”：“取极肥子鹅一只，净治，煮令半熟……”《古小说钩沉·祥异记》：“（元稚宗被缚至一寺）一僧曰：‘汝好猪，今应受报。’便取稚宗皮剥脔截，具如治诸牲兽之法。”又，客家方言也保留

"治"的这个音义，可为佐证。

［呼］常读音［hu^1］（夫）或［u^1］（污），如"呼吸"、"呼喊"等。口语中呼鸡、呼狗叫［kou^1］（苦阴平）；叫人为［hou^1］（雨阴平），如："你爱去hou^{1}我一句。"（你走的时候叫我一声）［hou^1］的本字应该就是"呼"。"呼"，《广韵》"晓"母"模"韵平声字，音"荒乌切"。"晓"母字潮音多保留［k－］声母阴调，如"许姓"、"薅薅草"、"吸"、"郝姓"、"况"、"霍"、"藿"等。"模"韵字白读为［－ou］者众，如"湖"、"胡"、"乌"、"吴"、"姑"、"孤"、"箍"、"枯"、"苏"、"酥"、"租"、"粗"、"卢"、"炉"、"奴"、"屠"、"图"、"铺"等。呼人的说法，古已有之。《史记·陈涉世家》："陈王出，(其故人）遮道而呼涉。"宋·刘克庄《冬景》诗："命仆安排新暖阁，呼童熨贴旧寒衣。"呼叫动物的例子不多，但也见诸文献。唐·李白《南都行》："走马红阳城，呼鹰白河湾。"《新唐书·姚崇传》："帝曰：'公知猎乎？'（姚崇）对曰：'少多习也。臣年二十，居广成泽，以呼鹰逐兽为乐。'"

［芳］潮音文读为［huang^1］（荒），如"芳香"、"流芳千古"均读此音。但"味道香"口语说成［pang^1］(蜂)，本字不是"香"而是"芳"。屈原《离骚》："兰芷变而不芳兮……"南朝·梁·顾野王《玉篇·艸部》："芳，芬芳。""芳"指芳香，普通话同样使用，但没潮汕话所指的范围广。口语保留重唇音，故声母为［p－］，文读因向普通话靠拢而读［h－］（h与f同属擦音），韵母也变成合口呼了。

［乱］汕头、澄海音读［luang^6］，潮州音读［luêng^6］(鸾阳上)，如"捣乱"、"乱弹琴"等；口语有个词读［ruang^6］（潮州音［ruêng^6］，悦阳上），意思为随便，如说："甲：你爱底一个？乙：ruang^{6}在好。"(甲：你要哪一个？乙：随便哪一个都行）这个"ruang^6"的本字就是"乱"。在潮汕一些地方，如汕头的鮀浦就把随便、乱来叫做"ruang^6"。笔者亲耳听到：一个老大妈在卖菜，买菜的人翻来翻去的，卖菜大妈说："你勿ruang^{6}掊。"（你不要乱翻）"乱"是"来"母字。"泥来"母字和"日"母字潮汕话有混读的例子，如"卵"读［neng^6］，"尿"读［rio^7］等。

［暖］汕头、澄海音读［ruang^2］，潮州音读［ruêng^2］（悦阴上），旧式的铜火锅，潮汕话叫"ruang^{2}炉"，打边炉吃火锅叫"食ruang^2

炉”。“ruang^{2}”的本字是“暖”。“暖炉”一说，宋代已见。宋·孟元老《东京梦华录》卷九：“有司进暖炉炭，民间皆置酒做暖炉会也。”“暖”是“泥”母字，跟“乱”读［luang^{6}］道理一样。

［翼］指翅膀，如张飞字“翼德”、“比翼双飞”等，潮音文读为［êg^{8}］（亿）；但白读为［sig^{8}］（实），如“鸡翼”、“鹅翼”等。“翼”，《广韵》“以”母字，潮音有读［s－］者，如“液$_{\text{手液}}$”、“游$_{\text{游水}}$”、“檐$_{\text{飞檐走壁}}$”、“缘$_{\text{边缘,龟缘}}$”、“蝇涎$_{\text{嘴涎}}$”等。

［枯］潮音通常读［gou^{1}］（姑），如“枯木逢春”、“海枯石烂”等。口语中称油料作物的种子榨油后的渣压成的饼子为［kou^{1}］（苦$_{\text{阴平}}$），本字即“枯”。如“茶籽枯”（茶油籽渣饼）、“豆枯”（花生渣饼）等。明·宋应星《天工开物·乃粒·稻宜》：“勤农粪田，多方助之。人畜秽遗，榨油枯饼，草皮木叶，以佐生机。”又《天工开物·乃粒·麻》：“收（胡麻）子榨油，每石得四十斤余，其枯用以肥田。”《集韵》平声送气“溪”母“模”韵，“枯，枯饼”，空胡切，正与潮音［kou^{1}］完全相合，也与普通话读音相对应，读［gou^{1}］倒是错误的，可能是偏旁类化造成误读，久而习非成是。

［槁］潮音通常读［gao^{2}］（搞），不送气，如“形容枯槁”等。口语中称一种腌制的小萝卜条叫“菜头kao^{2}”，［kao^{2}］（口）即“槁”字。“槁”在古代文献中用以称晒干之物，如《礼记·曲礼下》：“槁鱼曰商祭。”唐·孔颖达疏：“槁，干也。”槁鱼，即鱼干。又“槁”，《广韵》上声“溪”母“皓”韵字，苦浩切，应读送气音，与潮音完全吻合。读不送气也是错了，又是一个“秀才读字读半边”、习非成是的例子。

［罩］潮汕话文读为［zao^{6}］（造），如“笼罩”、“灯罩”等。一种旧式可移动的蚊帐叫做“蠓da^{3}”，用竹编成的捕鱼器叫“鱼da^{3}”，罩鱼的动词读［da^{3}］，本字就是“罩”。《说文解字·网部》：“罩，捕鱼器也。”《广韵》去声效韵：“罩，竹笼，取鱼具也。”都教切。与潮汕话吻合。

［丈夫］潮音文读为［ziang^{6}hu^{1}］（仗腐），指女人的配偶，在“男子汉大丈夫”中也读此音。白读为［da^{6}bou^{1}］（打埠），指男人，不论年龄之大小，长者称为“老丈夫”，小者叫做“丈夫囝”。《战国策·赵策》：“太后曰：‘丈夫亦爱怜其少子乎？’对曰：‘甚于妇

人。’”《管子·地数》：“凡食盐之数……丈夫五升少半，妇人三升少半，婴儿二升少半。”“丈夫”与“妇人”相对，指男人无疑。文献也有指男孩的用例，如《国语·越语上》：“生丈夫，二壶酒，一犬；生女子，二壶酒，一豚。”还有的例子就跟潮汕话一样后面加了“子”（囝）。《战国策·燕策》：“人主之爱子也，不如布衣之甚也。非徒不爱子也，又不爱丈夫子独甚。”后代沿用“丈夫子”之说，唐·陆龟蒙《送小鸡山樵人序》：“吾有丈夫子五人，诸孙亦有丁壮者。”宋·陆游《陆孺人墓志铭》：“孺人得七十有四，以淳熙十二年正月己丑卒。丈夫子二……女子四人。”清·王韬《淞滨琐话·金玉蟾》：“姬封夫人，生丈夫子二，皆早贵。”另，“丈夫”音［da^{6}bou^{1}］，当是由［dang^{6}bou^{1}］发展而来。“澄”母字潮语白读为［d－］的很多，后来失去后鼻韵尾。至于“夫”读［bou］，则是声母保留重唇音古读［b－］和“虞”韵字白读为［－ou］的结果。“轿夫”的“夫”也读［bou］，可为佐证。

二、韵母发生变化的词语

［潘］ 今用作姓，潮音读［puan^{1}］，颇鞍切。但潮汕方言把淘米水叫［pung^{1}］，本字也是此字。《左传·哀公十四年》：“使疾而遗之潘沐。”晋·杜预注：“潘，米汁，可以沐头。”《广韵》平声“桓”韵：“潘，淅米汁。”

［沃］ 潮音文读为［og^{4}］（屋），如“肥沃”、“沃土”等。但潮汕方言谓植物枝叶茂盛、浇灌、淋为［ag^{4}］（恶），本字也是“沃”。《诗经·小雅·隰桑》：“其叶有沃。”“沃”即茂盛。又《诗经·卫风·氓》：“桑之未落，其叶沃若。”唐·孔颖达疏：“其叶则沃沃然盛。”此皆指枝叶茂盛例。《左传·僖公二十三年》：“奉匜沃盥。”唐·孔颖达疏：“沃谓浇水也。”汉·王充《论衡·偶会》：“使火燃以水沃之，可谓水贼火。”《说文解字·水部》：“沃，灌溉也。”清·段玉裁注：“自上浇下曰沃，故下文云：‘浇者，沃也。’”潮汕话被雨淋也叫“沃”，乃引申义。明·郑瑗《井观琐言》卷一：“各处方言，亦有暗合古韵者，亦有暗合字义者。吾乡……谓雨淋为沃，此暗合字义者。”郑瑗是闽南人，可见此乃闽南方言通语。

［糜］ 潮音文读为［mi^{5}］（迷），指腐烂。谚云：“糜柑甜，糜芋

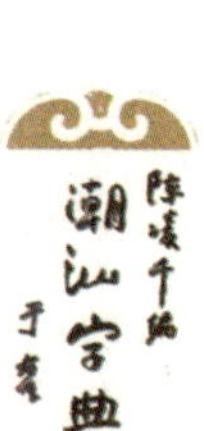

荟。”但谓粥为［muê^{5}］（妹阳平），本字也是“糜”。《礼记·月令》：“行糜粥饮食。”“糜”、“粥”并称。《释名·释饮食》：“糜，煮米使糜烂也。”当然，古代北方煮“糜”之“米”可能不是今天之水稻大米，而是小米之类的杂粮。

［愕］“惊愕”潮语叫［ngoh^{8}］（俄阳入）。一时受惊，回不过神来，云“惊到愕去”或“惊到愕愕”。《战国策·秦策三》：“群臣惊愕，卒其不意，尽失风度。”《汉书·张良传》：“良愕然。”唐·颜师古注：“愕，惊貌也。”又“愕”，《广韵》入声“铎”韵字，文读为［-ag］韵母，白读为［-oh］，如“骆”、“落”、“膜”、“索”、“鹤”皆是。

［薰］潮人谓吸烟为“食薰”，卷烟叫“薰团”，散装烟丝叫“薰丝”。俗语谓流浪汉生活“所食薰团蒂，所賀五骹砌”。“薰”音［hung^{1}］（芬），先秦原意指香草。《左传·僖公四年》：“一薰一莸，十年尚尤有臭。”《说文解字·艸部》：“薰，香艸也。”香草因为有香气而被用以做香料燃之。《汉书·龚胜传》：“薰以香自烧，膏以明自销。”烟草也是通过点燃而吸取其香气，所以叫做“薰”。又《广韵》平声“晓”、“母”、“文”韵音许雲切，正与潮音吻合。

［姨］潮汕方言常读音为［i^{5}］（夷），词义与普通话基本相同。但口语中称母亲为［ai^{5}］（哀阳平），本字即“姨”。“姨”字属《广韵》“以”母“脂”韵平声。“之脂”韵字潮音文读为［-i］，白读为［-ai］，正符合上面所记两个读音。“脂”韵字白读为［-ai］者还有“师师父”、“筛筛酒、竹筛”、“私私家、走私”、“梨”、“眉”、“嵋”、“湄”、“楣”、“屎”等。文献也有例证，《南史·齐晋安王子懋传》：“（子懋）年七岁时，母阮淑媛病惟危笃，请僧行道。有献莲花供佛者，众僧以铜瓮盛水渍茎，欲华不萎。子懋流涕礼佛曰：‘若使阿姨因此和胜，愿诸佛令竟斋不萎。’”这里的“阿姨”即指母亲。清·翟灏《通俗篇·称谓》认为：“其父之侧庶亦称姨者，姨本姐妹俱事一夫之称。……虽非姊妹，而得借此称之。”由生母至庶母，此词义之转移。又，在潮汕农村，至今也有称母亲为“i^{5}”者，则为文读音。

［饮］潮音通常读［im^{2}］，如“饮水思源”、“饮食”等。口语中称米汤曰［am^{2}］，稀粥叫做“am^{2}糜”。［am^{2}］（庵阴上）即“饮”也。宋·张齐贤《洛阳缙绅旧闻记》：“汤饮不能下，……形骸骨立。”又：

“姥为洗沐，衣以故旧衣，日进粥饮蔬饭而已。不数月，平复如故，颜状艳丽。”元·鲁明善《农桑衣食撮要》：“盐鸭子（蛋）自冬至后清明前，每一百个用盐十两，灰三斤，米饮调成团，收于瓮内，可留至夏间食。”明·邝廷瑞《便民图纂》：“却将鸭卵于浓米饮中蘸，经入灰盐滚过收贮。”“米饮”即潮汕话的“糜饮”无疑。又“饮”为《广韵》“寝”韵字，“侵寝沁”韵字潮汕话文读为［im］，白读为［am］，如“淋”读［nam^5］淋臊汤，淋豉油，“针”、“箴”读［zam^1］，“林”在“柘林”、“鸟投林”等中也读［nan^5］。由此可证“饮”可读［am^2］。

［乏］在汕头话中通常读音为合口音［huag^8］（伐），揭阳音为［huab^8］，缺乏的意思。但口语中指缺乏有另一读音［hag^8］（学），开口音，如“乏食”、“乏穿”等。此字属《广韵》“奉”母“乏”韵入声，房法切，读［huag^8］、［hag^8］、［huab^8］均符合历时音变规律，文献中也有书证。《史记·高祖本纪》：“项羽数侵夺汉甬道，汉军乏食，遂围汉王。”又，宋·苏轼《送郑户曹》：“公业有田常乏食，广文好客竟无毡。”

“乏”又有疲乏、疲累一义，潮汕方言叫［hêg^8］（核阳入），本字也是“乏”。《新唐书·朱滔传》：“步马乏顿……请休士三日。”《新五代史·唐臣传·周德威》：“因其劳乏而乘之，可以胜也。”元·郑德辉《倩女离魂》：“……把咱家走乏。”此义后字加病字壳而作“疺”。明·金幼孜《北征录》：“午后，忽微雨风作，天气清爽，人马不渴；若暄热，人皆疺矣。”清·范寅《越谚》卷中：“劳疺力竭，不能再用。”

［许］作姓氏用时潮音读［kou^2］（苦），“许多”的“许”读［he^2］（浒）。口语中有远指代词［he^2］，本字也应该是“许”。如“许头”（那边）、“许天时”（那时候）；引申指程度，译为“那么，很”，词性接近副词，并可变音为［hion^3］，如“许大”、“许富”、“许有钱”等。“许”用来表示程度的例子有：《太平广记》卷二百四十八引隋·侯白《启颜录·侯白》：“白即云：‘背共屋许大，肚共碗许大，口共盏许大。’众人射不得。”唐·杜荀鹤《自江西归九华》：“许大乾坤吟未了，挥鞭回首出陵阳。”“许大”即“偌大”、“那么大”。又元曲《神奴儿》三：“俺家里偌大的房屋，许富的家私。”

[铧] 常读音为［hua^{5}］（华），如“双轮双铧犁”。但农村中一种铲土块的铁制农具叫做［huê^{5}］（回），本字应是“铧”。“铧”字从“华”得声，为“匣”母“麻”韵二等合口字，户花切。“麻”韵合口二等字潮音文读为［－ua］，如“夸”、“华”、“蛙”、“寡”、“桦”等；白读为［－ue］，如“花”、“化”、“瓜”等。因而，“铧”读［hua^{5}］是文读音，读［huê^{5}］是白读音。又，“铧”在古代乃铲土翻地的人力农具，与今天的由畜力或机动车拉动的犁不同。《越绝书·外传·吴王占梦》：“两铧倚吾宫堂，夹田夫也。”《释名·释用器》：“（锸）或曰铧。……其板曰叶，像木叶也。”《农政全书·农器·图谱一》：“铧阔而薄，翻覆可使。”

[约] 常读音为［iak^{4}］（跃），如“节约”、“约母量”（大概）；又读［ioh^{4}］（腰$_{\text{阴入}}$），如“制约”、“条约”等。但口语中有一音［iaoh^{4}］（妖$_{\text{阴入}}$）或［ioh^{4}］（腰$_{\text{阴入}}$），是“猜，估摸”的意思，如“约谜”、“约题”（猜题）等，本字也是“约”。“约”是“影”母“药”韵三等入声字，“药”韵字潮音有读［iaoh^{4}］者，如“雀盲”的“雀”音［ziaoh^{4}］（昭$_{\text{阴入}}$）等。近代汉语中也有“约”作估摸、猜解之用例。《醒世恒言·张廷秀逃生救父》：“进了闾门，来到天库前，见一大玉器铺子，张权约谅是王家了。”又《金瓶梅词话》第三十回：“潘金莲道：‘大姐姐，他那里是这个月，约他是八月里孩子，还早哩。’”

[里] 常读音为［li^{2}］（李），如“里面”、“公里”等。但口语中把“里面”的意思叫做［lai^{6}］（来$_{\text{阳上}}$），训读字写作“内”。查《广韵》“内”字音“奴对切”，“泥”母“队”韵去声，潮音不可能读［lai^{6}］。［lai^{6}］的本字应该是“里”，《广韵》“来”母“止”韵上声字。“之止”韵字潮音多有读［－ai］韵母者，如“狐狸”读［hou^{5}lai^{5}］（葫来），“滓”读［zai^{2}］（宰）或［dai^{2}］（歹），“柿”读［sai^{6}］，“使驶”读［sai^{2}］等。又，“内衣”，潮汕方言叫“lai^{6}衣”，写作“内衣”，其实应该写作“里衣”。《诗经·秦风·无衣》：“岂曰无衣，与子同泽。”宋·朱熹注：“泽，里衣也。以其亲肤，近于垢泽，故谓之泽。”《儿女英雄传》第二十七回：“梳妆已罢，舅太太便从外间箱子里拿出一个红包袱来，道：‘姑娘，把里衣换上。’”“家里”潮音文读为［gê^{1}li^{2}］，白读为［gê^{1}lai^{2}］，其实都是这个词，把

[lai^6] 写作“内”，是训读了。元·白朴《墙头马上》第三折：“老夫常是公差，多在外，少在里。”这个“里”潮音也应该读 [lai^6]，意思是家里，与潮汕话相同。

[卵] 常读音为 [neng^6]（软$_{\text{阳上}}$），指禽类的蛋，如“鸡卵”、“鸭卵”等。口语中称阴茎为“lang^6”（浪）或“lang^{6}鸟”，膀胱为“lang^{6}pa^1”。“lang^6”即是“卵”。“卵”《广韵》“来”母“缓”韵上声合口一等字，卢管切。“桓缓”韵字潮音白读为 [－eng]，没有 [－u－] 介音，文读为[－uang]，个别字读[－ang]，也没有[－u－]介音。“卵鸟”、“卵脬”、“卵事”等词在近现代作品中都能找到用例，说明其他方言也有以“卵”指男阴者。《金瓶梅词话》第五十三回：“自家又没得养，别人养的儿子又去强造魂的挜相知，呵卵脬。”“卵脬”即“lang^{6}pa^1”，膀胱也。“呵卵脬”犹潮汕方言谓“扶卵脬”（拍马屁）。又，《醒世姻缘传》第一回：“武城县这些势利小人，听见晁秀才选了知县，又得了天下第一美缺，恨不得将晁大舍的卵脬扯将出来，大家扛在肩上。”张天翼《贝胡子》：“那个瘟长班——管的卵事。”“卵事”，鸟事，意为不该管的事。

[判] 汕头音为 [puang^3]，潮州音为 [puêng^3]（磐$_{\text{阴去}}$），如“判断”、“批判”等，但口语中给试卷评分叫“puan^{3}卷”、“puan^{3}分”；把水果等成批估卖出去也叫做 [puan^3]（潘$_{\text{阴去}}$），本字都是“判”。“判”，《广韵》“滂”母“谏”韵去声，音普半切。文读为 [puang^3]，白读为 [puan^3]，完全相合。“判”作批阅、评判解，近代有用例。清·薛福成《庸庵笔记·史料二·慈安皇太后圣德》：“西宫优于才，而判阅奏章，裁决庶务，……”又《庸庵笔记·史料一·咸丰季年三奸伏诛》：“是时周文勤公以户部尚书协办大学士，而肃顺亦为户部尚书，同坐堂皇判牍。”把水果、蔬菜等货物成批估卖出去的意思，大概是从评判、裁定一义引申而来的。

[圣] 常读音为 [sian^3]（声$_{\text{阴去}}$），如“大圣”、“圣人”等。潮俗问神请卜以观吉凶，以竹头判为两片作杯筊。两片皆仰为“笑杯”，谓神不同意其所请；两片皆俯为“稳杯”，主不吉；一俯一仰为“sêng^{3}杯”，俗写作“胜杯”，其实应作“圣杯”。《张协状元》十四：“明日恁地，神前拜跪。神还许妾嫁君时，觅一个圣杯。”“胜”、“圣”本同音，但潮音读“胜”为 [sêng^3]，取其文读音；读“圣”为

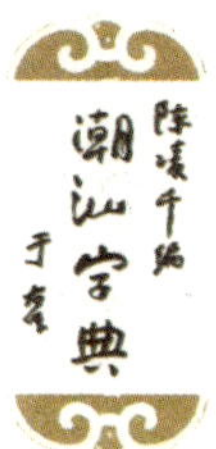

[sian^3]，取其白读音。其实这两个字都应该有文白两读，“圣”也可读[sêng^3]，而“胜”也可读[sian^3]。

[正] 常读音为[zian^3]（晶$_{\text{阴去}}$），如“反正”、“正负”等。口语中有个表示“才”、“只有”的副词，音[zia^3]，没有鼻化成分，所以大家不知道[zia^3]的本字也是“正”。其实，这个鼻化成分只是在长期的演变过程中脱落了而已。至于“正”作副词用的例子，文献中也很常见。如《古小说钩沉·裴子语林》：“孔坦尔时正琐臣耳，何与国家事？”“正琐臣耳”，指只是小官而已。又《幽明录》：“汝算录正余八年，若此限竟，死便入罪谪中。”“正余八年”，即只剩下八年。“正”字也作“政”，《冥祥记》：“问工人：‘有几人来？’答曰：‘政一人耳。”“政一人耳”，指才来了一个人。

[气] 常读音为[ki^3]（汽），如“力气”、“生气”等。口语中呼吸叫“敨 kui^3”，力气叫“kui^{3}力”，其中之“kui^3”（季），乃气息之意，本字应该就是“气”。“气”，《广韵》“溪”母“未”韵去声字，“微未”韵字读[－ui]是白读音，如“机$_{\text{布机}}$”、“几$_{\text{几人}}$”、“衣$_{\text{烧衣}}$”等。“敨气”之说，见《水浒传》第二十六回：“看何九叔面色青黄，不敢敨气……”

[盲] 常读音为[mêng^5]（明），如“盲目”、“文盲”等。口语中眼睛瞎了叫“青 mên^5（骂$_{\text{阳平}}$）”，夜盲症叫“雀 mên^5”，“mên^5”的本字应是“盲”。“盲”，《广韵》“明”母“庚”韵平声，“庚”韵字潮音读[－ên]乃是白读，如“更$_{\text{三更半夜}}$”、“羹”、“庚”、“彭”、“膨”、“棚”等。“青盲”、“雀盲”两词，也见于古汉语，如《后汉书·李业传》：“是时犍为任永及业同郡冯信，并好学博古。公孙述连征命，待以高位，皆托青盲以避世难。”唐·孔颖达正义：“有眸子而无见者曰矇，即今之青盲也。”宋·彭乘《墨客挥麈录》引杨某尚书诗：“一心更愿青盲了，免见高家小马儿。”

[芒] 本义指植物子实长出的小毛刺，《吕氏春秋·审时》：“得时之稻……穗如马尾，大粒无芒。”也指物体的尖端，如芒刃、锋芒，《广韵》平声“唐”韵。“芒，草端”，也指镰刀上带齿的刃，潮汕有的地方读[mên^5]，俗语有“好好镰刀磨掉 mên^5”（谐音双关，意为“磨夜”，熬夜），“mên^5”就是“芒”，音理同“盲”。潮汕话叫萤火虫为“火芒姑”，“火芒”是很小的火花，指萤火虫发出的那一点点光亮。

［冥（暝）］ 潮音文读为［mêng^{5}］（明），如“冥冥中”。口语中把黑夜叫［mên^{5}］（骂$_{\text{阳平}}$），或者［mên^{3}］（骂$_{\text{阴去}}$），本字即是“冥”。《诗经·小雅·斯干》：“哕哕其冥，君子攸宁。”汉·郑玄笺：“冥，夜也。”汉·枚乘《七发》：“冥火薄田。”后起字增“日”作“暝”，《原化记·陆生》：“黑雾数里，白昼如暝。”《太平广记·陈鸾凤》：“（陈鸾凤）知无容身处，乃夜秉炬，入于乳穴之处……三暝后返舍。”南朝·梁·顾野王《玉篇·日部》：“冥，莫庭、莫定二切，夜也。”这两个读音正与潮音阳平、阴去二音相合。把“夜”字读为［mên^{5}］乃训读。

［积］ 常读音为［zêh^{4}］（绩），如“积极”、“面积”等。“积”表积累一义，口语中读作［zêg^{4}］（则），如“zêg^{4}钱”、“zêg^{4}恶”，消化不良叫做“食 zêg^{4}”、“疳 zêg^{4}”等，“zêg^{4}”的本字就是“积”。积，《广韵》“精”母“昔”韵入声字，资昔切。“昔”韵字潮音有读［-êg］者，如“适”、“释”、“译”、“易$_{\text{交易}}$”、“液”、“腋”等，乃文读音。“食积”、“疳积”两词见于近代汉语。明·王肯堂《证治准绳·幼科》：“疳积，其候面带青黄色，身瘦，肚膨胀，头发立……”《醒世恒言·吴衙内邻舟赴约》：“贺司户道说是疳膨食积。”

［翁］ 常读音为［ong^{1}］，如“不倒翁”、“主人翁”等。口语中称丈夫为“ang^{1}”（安），公鸡为“鸡 ang^{1}”，“ang^{1}”的本字就是“翁”。“翁”，《广韵》“影”母“东”韵平声合口一等字，乌红切。“东”韵字潮音文读为［-ong］，白读为［-ang］。白读为［-ang］者如“篷”、“东$_{\text{东方}}$”、“同$_{\text{同志}}$”、“聋”、“鬃”、“棕”、“葱”、“丛”、“蚣$_{\text{蜈蚣}}$”、“工”、“空$_{\text{空隙}}$”、“红$_{\text{红色}}$”等。“翁”原指父亲，《史记·项羽本纪》：“汉王曰：‘……吾翁即若翁，必欲烹而翁，则幸分我一杯羹。’”唐·王梵志《一种同翁儿》：“一种同翁儿，一种同母女。”《广雅·释亲》：“翁，父也。”从“父亲”转而为“丈夫”，乃移称，就像以“母”（音［bhou^{2}］）称妻。“翁”用以称鸡，则是泛指雄性。北魏·张丘建《算经·百鸡题》：“鸡翁一，值钱五。”《说文解字·隹部》解释“雄”字为“鸡父也”。“鸡父”与“鸡翁”正好相同。

［雄］ 常读音为［hiong^{5}］，如“雌雄”、“英雄”等。口语称雄性鹅、鸭为“鹅 hêng^{5}”、“鸭 hêng^{5}”。“hêng^{5}”（型）的本字就是“雄”。“雄”，《广韵》“云”母“东”韵平声合口三等字。“东”韵合口三等

字潮音文读为［－iong］，白读为［－êng］。白读者如“弓”、“宫”、“穷”、“中中春状元”、“众”、“铳鸟铳”等。“雄”字从隹（鸟），《说文解字》释为“鸟父也”，指的正是禽类之公者，后泛化指其他雄性动物。

［母］常读音为［bho²］（无阴上），如“母亲”、“父母”等。口语中称妻子为［bhou²］（亩），娶妻叫“娶 bhou²”。“bhou²”，方言字作“嬷”等，其实，本字应该就是“母”。“母”，《广韵》“明”母“厚”韵字，莫厚切。“侯厚”韵字潮音白读为［－ou］，文读为［－ao］，如“剖”、“戊”、“茂”、“搂”、“陋”、“叟”、“够”、“偶”、“后王后”等。“明”母字文读为［m－］，白读为［bh－］，如“牡”、“篾”、“馒”、“闷”、“墨”、“麦”、“木”、“磨石磨”、“马”、“模模子”等。故“母”读［bhou²］符合语音规律。至于从“母亲”一义转移为“妻子”，跟“翁”从“父”转为“丈夫”一样，是移称。吴方言也称妻为“母”，可为佐证。

［过］常读音为［guê³］，如“过去”、“过家”（串门）等。出门到某一地方时顺路到另一个地方看看，潮汕方言口语叫“gua¹”（呱）或“顺 gua¹”。如说：“我来去广州了顺 gua¹来去看阿三姑。”（到广州后我想顺便去看看三姑妈）“gua¹”的本字也是“过”。不过，“过”的平声读音与去声不同，是另一读音。《广韵》平声“戈”韵：“过，经也，又过所也。”古禾切。“歌戈”韵字潮音多读［－ua］者，如“歌”、“柯”、“蛇”、“箩”、“婆”、“磨”、“和”等。“过”读［gua¹］乃保留平声古读。“顺道访问”一义则是“经过”一义的引申。

［厌］常读音为［iam³］，如“讨厌”、“厌世”等。口语中谓过分饱足或疲倦的样子为［ia³］（野阴去），如“食到厌”（吃得腻了）、“厌斜厌斜”（无精打采的样子）等。“ia³”的本字也是“厌”，［iam³］、［ia³］一音之转，后者乃前者失去［－m］韵尾而已。饱足之义，文献有用例，如《汉书·鲍宣传》：“今贫民菜食不厌，……”厌倦之义，也有用例，如《类说·修真秘诀》：“立不至疲，卧不至厌。”元·无名氏《泣江舟》第一折：“晕的呵眉黛颦，厌的呵神思昏。”

［庞］常读音为［pang⁵］，如“脸庞”、“庞大”等。口语中脸庞、

相貌叫做［bong^5］（泵），如说："你只块 bong^{5}就爱去考电影学院？"（你这副尊容就想去考电影学院）"庞"字《广韵》"江"韵平声，薄江切，与潮音声母、声调皆合，唯韵母稍转。但"庞"字从龙得声，从龙得声的字很多属于"东"韵，"东钟"两韵字潮音多有读［-ong］韵母者，如"笼笼罩"、"垄垄断"、"拢靠拢"、"珑玲珑"等，故"庞"读［bong^5］没有问题。"庞"指面容，在近代有用例，《西厢记》一本一折："颠不剌的见了万千，似这般可喜娘的庞儿罕曾见。"明·高明《琵琶记·书馆悲逢》："须知道仲尼、阳虎一般庞。"

［昼］ 潮音读［dao^3］（逗阴去），指正午，也叫"当昼"、"日昼"。"昼"指中午，先秦已然。《左传·昭公元年》："君子有四时：朝以听政，昼以访问，夕以修令，夜以安身。"《国语·鲁语下》亦云："士朝而受业，昼而讲贯，夕而习复，夜而计过。"由此可见，"朝、昼、夕、夜"四时，分别是指上午、中午、下午（傍晚）和夜里。《玉篇·日部》："昼，知了切，日正中。"指白天与夜相对的义项时潮音读［diu^6］。"昼"字一读为［diu^6］（丢阳上），一读为［dao^3］，与水稻之"稻"（收割水稻叫"割稻"，音［diu^6］）、"饭斗"（装干饭的木头盛器）的"斗"（音［diu^2］）一样道理。

［塗］ 泥土，泥巴。潮音白读为［tou^5］（土阳平）。"塗"指泥土，乃先秦古义。《尚书·禹贡》："厥土惟塗泥。"《庄子·秋水》："宁其死为留骨而贵乎，宁其生而曳尾于塗中乎？"后代仍沿用之，如《醒世恒言·两县令竞义婚孤女》："一美一丑相形起来，那标致的越觉美玉增辉，那丑陋的越觉泥塗无色。"其他义项潮音文读为［tu^5］。另，此字简化后与"涂"合一，潮语此义项则不宜用"涂"字，因其下无"土"也。

［悦］ 文读音为［ruag^8］，而越切，如"喜悦"、"心悦诚服"。白读为［ruah^8］，而活切，指男女之间互相倾心爱恋，爱上叫做"悦着"，单相思叫"悦单畔"。《诗经·邶风·静女》："彤管有炜，悦怿女美。"汉·司马迁《报任少卿书》："士为知己者死，女为悦己者容。""悦己者"用潮汕话翻译过来就是"悦着家己个人"。

［盖］ 盖被子的"盖"潮汕话文读为［gai^3］（界），但口语叫［gah^4］（甲），本字也是"盖"，但它是与［gai^3］不同的另一来源的读音。《广韵》入声"盍"韵，古盍切，正与［gah^4］读音吻合。文

读音［gai^{3}］则来自“去”声“泰”韵的古太切。另，潮汕地区的一些地方称锅盖等盖子为“gua^{3}”，也是古太切的读音，“泰”韵字潮音读成［－ua］韵母的还有“汏$_{\text{洗}}$”、“大”、“带”、“外”、“赖$_{\text{诬赖}}$”等。

［经］潮音通常读［gêng^{1}］（宫），如“经过”、“已经”等；亦读［gian^{1}］（惊），如“诗经”、“圣经”等。口语中称织布、织草席为［gên^{1}］（耕），本字也是“经”，如童谣“经绸经布，囊团穿裤”。另，罗盘潮汕话叫“罗经”，也读［gên^{1}］。“经”本来就是指织布，《韩非子·外储说右上》：“吴起使其妻织组而幅狭于度，吴子使更之。其妻曰：‘吾始经之而不可更也。’”《说文解字·系部》：“经，织也。”又“经”字《广韵》“青”韵字，白读正好为［－ên］。

［打］潮汕话一读［da^{2}］，如“打击”、“打雷”等；训读为［pah^{4}］（拍），如“打人”、“相打”。口语谓用拳头打人为“捶dêng^{3}”，本字是“打”。“打”字从“丁”得声，《广韵》上声“梗”韵，“打，击也”，德冷切；《集韵》上声“迥”韵，“打，击也”，都挺切，都与“ding^{3}”音吻合。

［擎］潮汕话文读为［kêng^{5}］，如“擎天柱”、“引擎”等。用两手拿、端叫做［kia^{5}］（骑$_{\text{阳平}}$），本字就是“擎”，如“擎枪”（握枪）、“擎碗”（端碗）、“擎箸”（拿筷子）等。南朝·宋·刘义庆《世说新语·汏侈》：“婢子百余人，……以手擎饮食。”又《世说新语·纰漏》：“婢擎金澡盘盛水。”南朝·梁·顾野王《玉篇·手部》：“擎，渠京切，持也。”与潮汕话音义皆合（韵母鼻音成分丢失），可知这也是南北朝时语。

［荡］潮汕话文读为［dang^{6}］，如“扫荡”、“荡涤”等。口语中称漱口为“deng^{6}嘴”、洗刷马桶叫“deng^{6}桶”等，本字亦即“荡”。“荡”，繁体字作“盪”，《说文解字·皿部》：“盪，涤器也。”《说文通训定声》：“从皿，从汤，汤亦声。”段玉裁注：“凡贮水于器中，摇荡之去滓……曰盪。”《广韵》上声“荡”韵，音徒朗切。“唐荡”韵字潮汕话白读为［－eng］韵母的有很多，如“唐$_{\text{唐山}}$”、“堂$_{\text{礼堂}}$”、“当$_{\text{当心}}$”、“桑”、“仓”、“光$_{\text{天光}}$”、“广$_{\text{广州}}$”等，故“荡”可读［deng^{6}］。

［衣］“衣服”、“衬衣”的“衣”读［i^{1}］，但烧给死人的冥衣叫“ui^{1}”（医），这个活动叫“烧衣”。婴儿的胞衣（胎盘）也叫“衣”，

茄子蒂和身之间的瓣儿、玉米的包叶分别叫“茄衣”、“幼米仁衣”。“衣”为《广韵》平声“微”韵字，白读为［－ui］，如“微”、“挥”、“辉”、“晖”、“围”、“韦”、“非”、“肥”、“威”等都是。在《木兰辞》中“寒光照铁衣”的“衣”为了押韵，也读［ui^1］。

三、声韵调综合变化的词语

［季］ 常读音为［kui^3］，如“季节”、“四季”等。潮汕方言口语中称水稻的一季（一造）为“一［guê^3］(过)”，如“早 guê^3”、“晚 guê^3”等。“guê^3”俗写作“过”。其实，“过”是同音字而已，本字就是“季”。“季”《广韵》“见”母去声“至”韵合口三等字，音居悸切。“脂至”韵字潮音多有读［－uê］者，如“帅”、“衰”、“葵$_{\text{葵扇}}$”等，声韵调皆吻合。

［刮］ 常读音为［guah^4］，如“刮风”、“刮地皮”等。口语中有两个词：一是［huah^4］（哗$_{\text{阴入}}$），将刀子等利器在磨刀石（布）上摩擦使其锋利的意思，如“huah^{4}剃刀”等；二是［guêh^4］（瓜$_{\text{阴入}}$），用硬器刮去的意思，如“guêh^{4}鼎”（刮去铁锅上的灶灰）等。其本字都是“刮”。“刮”《广韵》属“见”母“曷”韵入声字。古音“晓匣”归“见溪群”已经是音韵学界普遍承认的规律，所以“见”母字念［h－］声母应该没有什么问题。“见”组里的“懈”、“系”、“侥”、“捍”等字也读[h－]声母。又如“合”字，潮音一读［gab^4］（蛤），归“见”母，如“合药”；读［hah^8］（学）或［hab^8］（蚶$_{\text{阳入}}$），归“匣”母，如“合作”、“书合起来”等。“峡”字一读［giab^4］（减$_{\text{阴入}}$），如“海峡”；一读［hab^8］（蚶$_{\text{阳入}}$），如“峡山$_{\text{地名}}$”。另外，“刮”字从“舌”得声，既有“刮”、“括”等字归“见”组，也有“活”、“话”等字归“匣”母。如此等等，可为佐证。又“麻曷”韵字潮音文读为［－ua］或［－uah］，白读为［－uê］或［－uêh］，乃正常规律，故“刮”口语可作［guêh^4］。“刮”作刮磨解，文献也有用例。《广雅·释诂》二：“刮，减也。”清·王念孙疏证：“刮者，摩之使减也。”宋·沈括《梦溪笔谈·器用》：“比得古鉴，皆刮磨令平。”

［逆］ 常读音为［ngêg^8］，如“逆流”、“叛逆”等。但口语中不听话、故意违逆叫做“gêh^{8}根”；话不中听叫做“gêh^{8}耳”。这个

[gêh^{8}]（家$_{\text{阳入}}$）应就是“逆”。“逆”《广韵》“疑”母“陌”韵入声。“疑”母字潮音有读[g－]声母者，如“咬”读[ga^{6}]，“凝”读[geng^{5}]（钢$_{\text{阳平}}$）等。故“逆”就是[gêh^{8}]的本字。因为声韵都发生了变化，所以今天已经难以考辨了。

[恼] 常读音为[nao^{7}]或[nao^{2}]，如“烦恼”、“恼怒”。口语中讨厌、恨（人）叫“lou^{2}”，本字应是“恼”。恼，《广韵》“泥”母“皓”韵上声开口一等字，奴皓切。“泥来”母字潮汕方言常常混读，“泥”母字读[l－]者，如“你”读[le^{2}]，“农”读[long^{5}]，“脑”读[lo^{2}]$_{\text{头脑、领导}}$等；半浊字读阴上调也不乏其例；韵母文读是[－ao]，白读为[－o]，读[－ou]的很少，推测是由[－o]稍转而来的。“恼”指恨、讨厌，近代汉语用例不少。如《水浒全传》第十六回：“老都管听了也不着意，内心自恼他。”《醒世恒言·李汧公穷邸遇侠客》：“那东坡志在功名，偏不信佛法，最恼的是和尚。”《金瓶梅词话》第十七回：“平昔街坊邻居，恼咱的极多。”

[呵] 常读音为[ho^{1}]，如“呵护”等。口语中穿街叫卖叫“o^{1}”（窝），用口呵气叫“ha^{1}”（哈），本字皆为“呵”。呵，《广韵》“晓”母“歌”韵平声开口一等字。晓母字读为零声母者众，如“呼”读[u^{1}]$_{\text{呼口号}}$，“荷”读[o^{6}]$_{\text{负荷}}$，“讳”读[ui^{2}]$_{\text{毋庸讳言}}$，“蒿”读[o^{1}]$_{\text{茼蒿}}$，“枵”读[iao^{1}]$_{\text{枵腹}}$等。又，“歌”韵一等开口字白读多读[－ua]韵母，如“拖”、“舵”、“大”、“箩”、“歌”等。所以“呵”可读[o^{1}]、[ha^{1}]（[－u－]介音消失，也许更早的历史层次就是没有[－u－]介音的）。“呵”表示喝叫一义，唐代已有用例。唐·韩愈《送李愿归盘谷序》：“人之称大丈夫者……其在外，则树旗旄，罗弓矢，武夫前呵，从者塞途。”唐·裴铏《传奇·马拯》：“此是伥鬼，被虎所食之人也，为虎前呵道耳。”“呵”字也作“诃”、“阿”，宋·洪迈《容斋三笔·从官事体》：“伯氏以故相带观文学士帅越，提举宋藻穿戟门诃殿。”又，北魏·郦道元《水经注》：“城西有孔嵩旧居。嵩字仲山，宛人，……贫无养亲，赁为阿街卒。”“阿街卒”即“呵街卒”，是古代官员出行时在前面吆喝开道的士卒，在潮剧中叫“吁呵摆道”；小商贩下乡叫卖也叫“呵”。

“呵”表呵气一义读[ha^{1}]，也见于唐宋。唐·罗隐《雪》诗：“寒窗呵笔寻诗句，一片飞来纸上销。”五代·王仁裕《开元天宝遗

事·美人呵笔》："李白于便殿，对明皇撰诏诰。时十月大寒，笔冻不能书。帝敕宫……执牙笔呵之。"宋·苏轼《四时词四首》之四："起来呵手画双鸦，醉脸轻匀衬眼霞。"宋·晏几道《踏莎行》："玉人呵手试妆时，粉香帘幕阴阴静。"

[伏] 常读音为［hog^{8}］，如"埋伏"、"伏案"等。口语中母鸡孵小鸡叫做［bu^{7}］（捕$_{\text{阳去}}$），如"bu^{7}鸡囝"（孵小鸡）、"bu^{7}骹鸡"（孵小鸡期间不下蛋的母鸡）。此义《广韵》"奉"母"宥"韵去声，扶富切："伏，鸟抱子。"音义皆与潮汕方言吻合。而"孵"为清声母平声字，音芳无切，与［bu^{7}］反而不合，乃训读。"伏"指"鸟禽抱子"之义，先秦已见。《庄子·庚桑楚》："越鸡不能伏鹄卵。"此后之用例屡见不鲜，如《汉书·五行志中之上》："丞相府史家雌鸡伏子，渐化为雄。"《淮南子·说林训》："乳狗之噬虎也，伏鸡之搏狸也，恩之所加，不量其力。"

潮汕话口语中伏案、低头叫做［pag^{4}］（博），与［hog^{8}］（服）读音声韵调皆异，但本字也是"伏"。此义《广韵》"奉"母"屋"韵入声，房六切，声韵皆与潮音吻合，唯读阴调类略有不合。

[覆] 常读音为［hog^{8}］（服），如"天翻地覆"、"覆雨翻云"等。口语中物件的背面叫做［pag^{4}］（搏），与"面"相对，本字就是"覆"。"覆"，《广韵》"敷"母"屋"韵入声，芳福切。"敷"母字潮音保留重唇音读［p－］；"屋"韵字潮音文读为［－og］，白读为［－ag］，如"腹"、"伏"、"目"、"六"、"麴$_{\text{酒麴}}$"等。故"覆"音［pag^{4}］符合音变规律。而"覆"指背面、反面之义，应是翻覆一义的引申，因为正面"翻"过来就是反面。

[反] 汕头话常读音为［huang^{2}］，潮州音为［huêng^{2}］，如"反动"、"逆反"等。口语中把物体翻过来叫做［boin^{2}］（板），如"乌boin^{2}白"（小孩玩的手心、手背游戏）、"boin^{2}狗手"（反犬旁）等。"反"指翻转的词义，无须考证。读［boin^{2}］则是白读音。"反"，《广韵》"非"母"阮"韵上声字，府远切，属于"山"摄字。"非"母字潮音保留重唇音读［b－］；"山"摄字潮音多有读［－oin］韵母者，如"山"韵的"间$_{\text{间断}}$"、"眼$_{\text{龙眼}}$"、"闲"、"苋"、"拣"，"先"韵的"殿"、"佃"、"莲"、"楝$_{\text{苦楝树}}$"、"千"、"前"、"先"、"肩"、"研$_{\text{研磨}}$"、"茧"等。又，从"反"得声的"版"、"板$_{\text{球板，古板}}$"等字也

读［-oin^{2}］，可为佐证。

［臊］ 常读音为［sao^{1}］，如“臊气”、“惹一身臊”等。但口语中“臊”表腥臊一义读作［co^{1}］（初），澄海等地称鱼露为“co^{1}汤”、鱼鲜为“鲜 co^{1}”，俗字写作“腥”。但“腥”字《广韵》音桑径切，“心”母“青”韵平声，不可能读［co^{1}］，读［co^{1}］乃训读。［co^{1}］的本字应该是“臊”。“臊”《广韵》音苏遭切，“心”母“豪”韵平声开口一等字。“心”母字潮音文读为［s-］，白读为［c-］者，如“鳃$_{\text{鱼鳃}}$”、“栖”、“碎”、“髓”、“笑”等；“豪”韵字文读为［-ao］，白读为［-o］，白读为［-o］者如“抱”、“保”、“毛”、“刀”、“讨”、“倒”、“逃”、“桃”、“淘$_{\text{淘井}}$”、“槽”、“草$_{\text{草书}}$”、“枣”、“高$_{\text{姓}}$”、“告”、“好”、“号”等。故“臊”音正与潮音吻合。又，“臊”指腥臊之味，文献也有用例。晋·葛洪《抱朴子·诘鲍》：“弃鼎铉而为生臊之食，废针石而任自然之病。”“生臊”指生的肉类食物，当然有腥臊之味，潮音［cên^{1}co^{1}］与之完全相合。

［常］ 汕头音为［sion^{5}］，潮州、澄海音为［siên^{5}］（尝），如“平常”、“常常”等。潮汕话口语中表示频率的副词读作［ciang^{5}］（长），如“我好 ciang^{5}去”（我经常去）、“伊 ciang^{3}时来”（他常常来）等。其实，［sion^{5}］和［ciang^{5}］只是“常”字的两个不同读音而已：［ciang^{5}］是文读音，［sion^{5}］是白读音。“常”字《广韵》“禅”母“阳”韵平声开口三等市羊切。“禅”母字潮音有［s-］、［c-］两读：读［s-］者如“社”、“佘”、“殊”、“竖”、“树$_{\text{树立}}$”、“誓”、“逝”、“是”、“氏”、“豉”、“匙”、“视”、“时”等；读［c-］者如“树$_{\text{大树}}$”、“市”、“仇”、“酬”、“芍$_{\text{芍药}}$”、“勺$_{\text{大勺}}$”等。阳韵字文读为［-iang］，白读为［-ion］。文读者如“良”、“凉”、“将”、“相$_{\text{互相}}$”、“湘”、“祥”、“长$_{\text{长江}}$”、“僵”、“央”等；白读者如“娘”、“枪”、“墙”、“香”、“乡”、“张$_{\text{姓}}$”、“章$_{\text{文章}}$”、“伤”、“姜$_{\text{姜片}}$”、“羊”、“洋$_{\text{海洋}}$”等。“常时”一词，近代汉语有用例，《金瓶梅》第四十三回：“……向月娘拜了又拜，说：‘俺家的常时打搅这里，多蒙看顾。’……月娘道：‘二娘好说，常时累你二爹。’”《儒林外史》第四十四回：“人听见他说这些话，也就常时请他来喝杯子酒。”又，潮汕方言中还有另外一个词“反常”，音［huang^{2}siang^{5}］，指人神经不正常。“常”字则读［siang^{5}］，也符合规律。

[裳] 常读音为［siang^5］（祥），如“衣裳”等。口语中有两个读音：一个是“糜 sion^5”（妹阳平尝），指稀粥冷却后凝结成的表层；一个是“黄 cion^5”（墙），黄花鱼的一种，表面色泽金黄。无论［sion^5］也好，［cion^5］也好，本字都应该是“裳”。“裳”，《广韵》音市羊切，与“常”同音。“常”字条已经说明“禅”母字潮音可［s－］、［c－］两读。又证“阳”韵字文读［－iang］，白读为［－ion］。是故“裳”字读［sion^5］、［cion^5］都符合规律。至于“糜裳”也好，“黄裳”也罢，“裳”都是指表面、表层的意思，是从“衣裳”一义引申而来的。

[液] 常读音为［êg^8］（亿），如“液体”、“输液”等。口语中叫手汗、脚汗为［sioh^8］（烧阳入），这个［sioh^8］的本字应该是“液”。“液”，《广韵》“以”母“昔”韵入声开口三等字。“以”母字潮音有读［s－］者，如“游游水”、“檐飞檐走壁”、“缘边缘，龟缘”、“蝇”、“翼鹅翼”等；而“昔”韵字有读［－ioh］者，如“席石尺”等。是故“液”字可以读［sioh^8］。至于词义，“液”也可指汗液，不必再证。

[漱] 常读音为［suag^4］（朔），如“漱口”、“饶漱石”等。口语中用水擦洗叫“ciu^3”（秋阴去），如“ciu^{3}齿”（刷牙）、“ciu^{3}鼎”（刷锅）等。“漱”，《广韵》“生”母“宥”韵去声开口三等字，所佑切。“生”母字潮音读［s－］或［c－］。读［c－］者如“梢”、“稍”、“渗渗漏”、“闩门闩”等；至于“尤宥”母字有读［－iu］者，乃是主流，如“溜”、“就”、“秀”、“绣”、“锈”、“昼”、“宙”、“咒”、“臭无色无臭”、“兽”、“寿”、“救”、“又”等。故“漱”应该读［ciu^3］，读［suag^4］倒是习非成是的误读音。“漱”指擦、刷的意思，古汉语有用例，如唐·柳宗元《晨诣超师院读禅经》诗：“汲井漱寒齿，清心拂尘服。”“漱齿”之说，与潮汕方言完全相同。

[胀] 常读音为［ziang^3］，如“膨胀”、“腹胀”等。口语中胀满的形容词读［dion^3］，如“dion^{3}肚”（腹胀）、“dion^{3}屎”（比喻人不通情理，说话做事惹人生气）等；又，往袋子等容器里装东西也叫［dion^3］，用如动词，如“dion^{3}滚水”（往开水壶里灌开水）、“撮粟个伊 dion^{3}落布袋底”（把谷子装在布袋子里）。“dion^3”的本字就是“胀”。“胀”，《广韵》“知”母“漾”韵去声开口三等字，知亮切。

“知”母字潮音文读为［z－］，白读保留齿头音为［d－］，是普遍的规律。“阳漾”韵字文读为［－iang］，白读为［－ion］，也是普遍的规律。所以，［ziang^3］是“胀”的文读音，［dion^3］是白读音，道理很简单。《广韵》“知”母“漾”韵去声：“胀，腹满。”义也与潮汕方言“胀肚”吻合。

［划］常读音为［uêh^8］，如“计划”、“划分”等。但口语中叫划船为“go^{3}船”。［uêh^8］与［go^3］相去甚远，其实它们是“划”字在古代的两个不同的读音。“划”，《广韵》“去”声“过”韵一声古卧切，属“果”摄合口一等字。“过”韵字潮音读［－o］者众，如“裹”、“和$_{\text{声相和}}$”、“唾”、“颇”、“卧”等。故“划”读［go^3］与《广韵》音吻合。普通话则取平声读音。《广韵》平声麻韵：“划，划拨进船也。”户花切。

［缄］常读音为［kiam^5］（钳），如“三缄其口”等。口语中谓用绳索捆绑为“ham^5”（含）或“ha^5”（哈$_{\text{阳平}}$），本字皆是“缄”。“缄”字《广韵》音古咸切，“见”母“咸”韵平声二等字。“咸”字音胡谗切，与“函”字同音，潮音读［ham^5］。“见”组字与“晓匣”组字上古音联系密切，从“咸”得声的“缄”字读“咸”［ham^5］，实在不足为怪。而另一音［ha^5］，则为［ham^5］之音变，乃［－m］韵尾丢失所致。潮音“咸深”两摄偶有失去［－m］尾者（参阅“厌”字条）。“缄”原指绳索，引申指捆绑。《说文解字·系部》：“缄，束箧。”清·段玉裁注：“束者，缚也。束之者曰缄。”

［娶］常读音为［cu^2］，如“嫁娶”、“娶妻”等，但口语中谓娶妻为“cua^{7}bhou^2”，群众不知其本字。其实，应该写作“娶母”（参阅“母”字条）。“娶”字《广韵》在“遇”韵去声：“《说文解字》曰：娶妇也。”七句切。《集韵》则有上声、去声两读。今普通话、潮音文读均取上声，但潮音白读取去声。又，“遇”韵字有“娶”、“续”等字读［－ua］，与“果”、“假”两摄白读音相同。

［续］常读音为［sog^8］，如“继续”、“断续”等。但口语中继续、接续叫［sua^3］（沙$_{\text{阴去}}$）。“sua^3”的本字应该是“续”。“续”的常读音［sog^8］与《广韵》入声“烛”韵一音相吻合。而［sua^3］则与《集韵》去声“遇”韵辞屡切一音吻合（参阅“娶”字条）。

［誓］常读音为［si^7］，如“发誓”、“誓言”。发誓潮汕方言口语

叫“咒 zua^{7}”。[zua^{7}]的本字是“誓”。“誓”字《广韵》是“禅”母“祭”韵去声开口三等字，时制切。“禅”母字潮音有读[z－]者，如“十”、“什什物”、“上上山”、“成做成”、“石”、“蜀”等。韵母读[－ua]，同“蟹”摄开口一等“泰”韵的“带”、“大”、“赖诬赖”、“蔡”、“盖锅盖”，合口的“外”等。三等字读同一等字，在潮汕方言中并不鲜见。

[涎]常读音为[iang^{6}]（延），如“垂涎三尺”等。口语中称口水为“嘴 suan^{5}”，“suan^{5}”（汕阳平）的本字就是“涎”。“涎”字《广韵》“邪”母“仙”韵平声，字亦作“次”：“口液也，夕连切。”读[iang^{6}]是字旁类化的误读，按对应规律文读应为[siang^{5}]（祥），白读应为[suan^{5}]。“邪”母字潮音主要读[s－]，如“邪”、“斜”、“序”、“叙”、“绪”、“词”、“辞”、“祠”、“似”、“饲”、“穗”、“遂”等。“仙”韵字读[－uan]也是常规，如“煎煎水”、“泉”、“腺”、“贱”等。故“涎”读[suan^{5}]符合语音对应规律。

第二章 “过番”文化词语：海洋文化的见证物

如果我说我打小就会说一些英语单词，熟悉我的读者一定以为我吹牛。因为我生在20世纪50年代，长在60年代，到哪儿学英语去？但是，我举几个例子让你瞧瞧：自行车在那个年代是稀罕物件，汽车就更少见了。我们管自行车叫“脚车”或“脚踏车”，管汽车叫“啰哩”（音［lo^{1}li^{5}］）。我偶尔在乡村通往县城的公路上看到汽车，充满了新鲜感，于是站在路边直着嗓子喊：“嘀嘀嘀，嘀嘀嘀，脚车轧（音［koih^{4}］）啰哩。”直到汽车消失在扬起的沙尘之中。上学后我开始玩篮球和乒乓球，学会了一些“专业术语”，例如投篮叫“述球”，球出界叫“沤屎”，乒乓球触网叫“肉”（我们的土规则里有“二肉当一”，即两次发球触网等于一次发球下网，算输一分）。一直到进大学学了英语，我才恍然大悟：“原来我小时候就学了不少英语单词哦。”“啰哩”就是“lorry”，英语原指货车；“述球”的动作叫“述”，英语单词是“shoot”或“shot”；“沤屎”其实是英语单词“outside”，就是出界；“肉”是英语单词“net”，就是网（名词）、触网（动词）。

那么，在改革开放前的年代里，在少年儿童使用的潮汕话里，又怎么会有一些英语借词存在呢？

原因很简单，这些词就是乘坐“红头船”劈波斩浪去“过番”的祖先们从南洋或者香港带回来的。潮汕地区是著名的侨乡，明清以来，潮汕人漂洋过海、外出谋生者络绎不绝，以至于分布在全世界各地的潮籍华侨华人的数量几近于潮汕本土的潮人人数。“过番”已经成为历史，但语言（方言）却保留了“红头船”劈波斩浪的痕迹，保留了潮汕人民“过番”与侨居国人民交际及其影响的痕迹。回过头来看，随着“红头船”里的人和物一起回来的这些外来词，显然已经成为文化交流的见证，成为潮汕文化中海洋文化成分的见证。

在潮汕话从国外借进来的词语中，最多的还不是英语，而是马来

红头船：潮人“过番”的交通工具（资料来源：林凯龙《潮汕民俗大典》）

语，因为潮人“过番”最多的地方是流行马来语的东南亚。从国外借来的词语有“玛淡”(mata-mata)、“阿铅”(ayan)、“动角”(tongket)、“五脚砌”(gokaki)、“峇羽”(ba-u)、“龟哩”(kuli)、“啰嘀”(roti)、“糕啤”(kopi)、“需甲”(suka)、“朵隆”(tolong)、“僜”(tingagila)等。

当然，文化接触是双向的，我们的祖先也给马来语、泰语中带去了更多的潮州话（闽南话）的词语。如“交椅”、“井缸”、“当归”、“桐油”、“豉油”、“浙醋”、“芥蓝”、“菠薐”、“粿条”、“桌”（酒席）等。正如泰国当代著名学者、《泰国大百科全书》总编辑、朱拉隆功大学名誉博士披耶阿努曼拉查东指出的：“泰语也采用了汉语的词汇，有关华人特有的某些物品和食品的名称以及一些与贸易有关的词汇，很大部分用于口头方面，但是许多已被全盘移植进泰语。泰语中的汉语词是潮州或汕头的方言。”①

下面，就让我们来了解潮人“过番”的历史及与之相关的这些词语。

① ［泰］披耶阿努曼拉查东．泰国传统文化与民俗［M］．马宁译．广州：中山大学出版社，1987. 73.

第一节　“过番”历史及与之相关的词语

一、潮人“过番”的历史

潮汕人把出国谋生叫做“过番”。“过番”的习俗在今天已成为历史，但语言（方言）却保留了“红头船”劈波斩浪的痕迹，保留了潮汕人民“过番”与侨居国人民交际及其影响的痕迹。当我们回过头来研究因“过番”文化的影响而产生、保留下来的这些潮汕方言词，或者研究因潮汕人的“过番”而使潮汕方言与侨居国语言互相影响的现象时，这些文化的“沉积层”便显示出它们重要的文化意义：既对潮汕方言词语本身的研究有价值，也对中国文化与异文化的接触和影响的研究有一定的意义，它们无意之中成为潮汕文化中海洋文化成分的见证。从广义的角度讲，语言是一种特殊的文化现象，词汇作为语言三要素之一，与文化有着千丝万缕的关系。历来探讨语言与文化的关系，多从词汇入手，而外来词作为词汇的一个组成部分，是最具文化品格的。“它是两种文化交流的结晶”，“在某种程度上既反映外族语的某些语言文化特征，也反映本族语的某些语言文化特征”。[①]

以泰国为例，潮人“过番”到泰国的时间很早，大约在泰国的大城王朝（1350—1767 年）时代，就已经有潮州人到了泰国。明朝中叶的民间武装首领林道乾反抗明朝统治失败后，于万历六年（1578 年）带领所部 2 000 余人到达泰国南部的北大年港，并在那里定居，开始了有文献记载的潮州人在泰国的历史。当然，潮州人大量移民到泰国，到 18 世纪才开始。

18 世纪末到 19 世纪中叶，是潮州人移民泰国的第一次高潮。18 世纪下半叶，缅甸军队打败了大城王朝，占领了泰国，而来自潮州（澄海）的郑信（1734—1782 年）率兵帮助泰国人打败了缅甸军队，建立了泰国历史上的第三个王朝——吞武里王朝（1767—1782 年）。潮人当了暹罗的国王，当然是潮人的光荣。加上郑信的部下也大多是

① 史有为．异文化的使者——外来词［M］．长春：吉林教育出版社，1991. 15 ~ 16.

潮人，一时间潮人在泰国朝野中地位显赫。[①] 而在潮汕本土，此时澄海县内的樟林港[②]也已经颇具规模，“红头船”从这里扬帆出海，主要的目的地就是暹罗。乾隆十二年（1747 年），清朝政府还特许商人到暹罗采购大米和木材，形成了潮汕人移居泰国的第一次高潮。据估计，在暹罗的曼谷王朝拉玛三世（1824—1851 年）初期，每年移民泰国的中国侨民在 6 000 ~ 8 000 人，其中主要是潮州人（参阅《清实录 · 高宗实录》卷二百）。19 世纪 30 年代，华侨华人占了曼谷 40 万居民的一半乃至四分之三。1910 年的户籍调查资料显示，华人占曼谷人口的 34. 76%，其中 47. 96% 是潮州人。

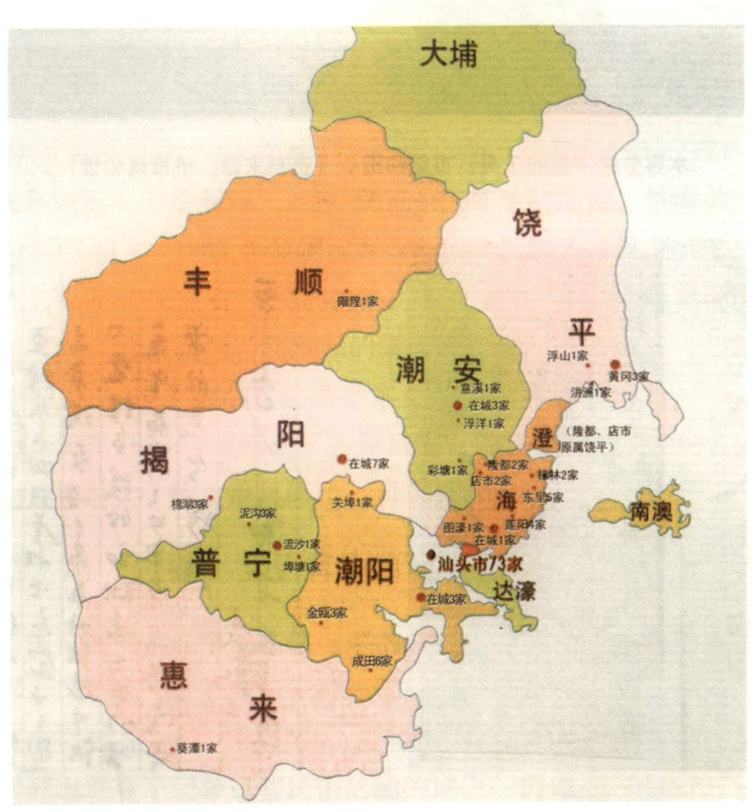

潮汕地区侨批局分布图（资料来源：侨批博物馆）

① 谢木全等．达信大帝［M］．香港：公元出版社，2004.

② 关于樟林港的资料，参阅陈碧笙《世界华侨华人简史》（厦门大学出版社，1991），张映秋《樟林港埠与红头船》（《汕头文史资料》第 8 辑《海外潮人史料专辑》），李绍雄《樟林沧桑录》（《澄海文史资料》第 1 ~ 3 辑）等资料。

水客分送侨批的工具：市篮和雨伞（资料来源：侨批博物馆）

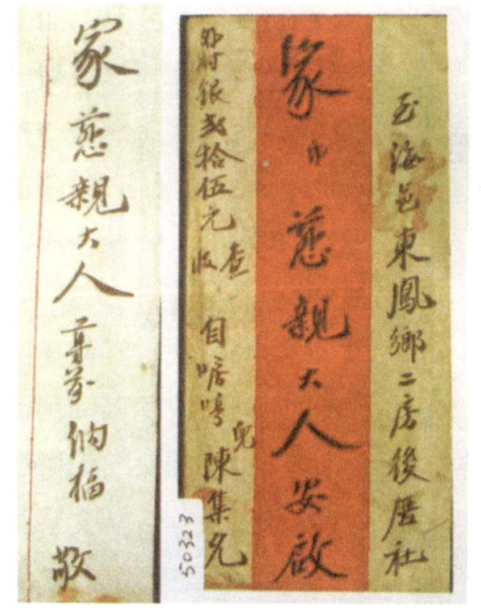

侨批的批封（资料来源：侨批博物馆）

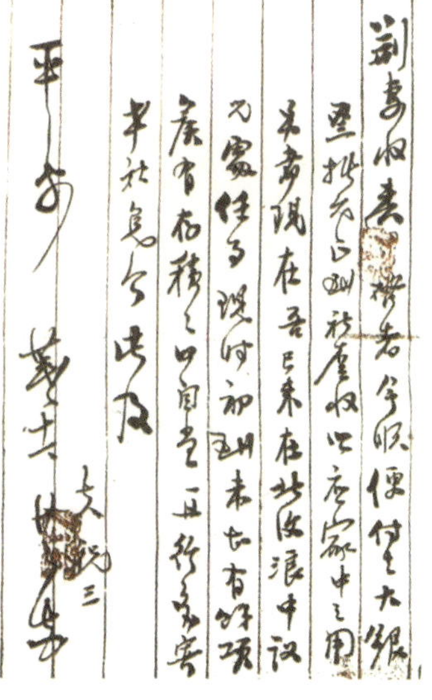

侨批的“批肉”（资料来源：侨批博物馆）

潮人移居泰国的第二次高潮出现在19世纪末至中华人民共和国成立前。这一时期，是泰国近代对华贸易关系史上最辉煌的时期。1910—1941年，泰国对华贸易总值累计增长了10.2倍。在1916—1939年间，汕头港是泰国对华贸易最重要的输出目的港和输入货源港。这个时期，西方列强你争我夺，导致世界战火纷飞，东南亚的许多国家也先后沦为帝国主义国家的殖民地。“二战”期间，东南亚诸国更是苦难重重，但泰国幸免于难，国内社会相对稳定。而且，就在这个时期，泰国整体实现了从封建王朝向君主立宪制的转型，积极学习西方的科学技术，迅速发展资本主义，因此迫切需要大批外来的劳动力和商人。而在中国国内，军阀混战，战乱频仍，人民灾难深重。潮州也不例外，很多潮人通过泰国亲友的介绍，纷纷出国逃难谋生。这个时期，先进的轮船已经取代了依靠风力、听天由命的“红头船”。汕头港此时也逐步兴起，至20世纪30年代，它逐步取代了盛极一时的樟林港而成为南中国的对外贸易港口，其吞吐量仅次于上海黄浦港和广州黄埔港，居全国第三位。国内社会的动荡和通商的发展使潮州人“过番”的人数成倍增长。据统计，泰国的华侨华人人数由1910年的79万人增长到1942年的187万人，其高峰期出现在1921—1932年。这些移民大多是潮州人。据1937—1938年的统计，抵泰的中国移民中74%是潮人。1983年泰国政府公布的华侨华人人数是630万，占全国总人口的13%左右。而在这630万的华侨华人中，祖籍潮汕的人口约占70%。也就是说，在现在的泰国，少说也有400多万祖籍潮汕的华侨华人。[①] 这个数字，已经是本土潮人人数的三分之一了。泰国的潮州会馆在1938年就建立了。到目前为止，它仍然是世界各地潮州会馆中规模最大、建立最早的“一哥”。[②]

二、与“过番”文化有关的词语

泰国是这样，东南亚其他国家的情况也类似，只是去的人数没有泰国多。“过番”成了潮人一种很常见的谋生行为。就这样来来往往地，随着“过番”和“回唐山”活动的不断开展，一种民俗活动形成了，因此也就有了记录这些民俗活动的词语。例如：

（一）“客头”和“咕哩”

“客头”的“客”潮音为［kag^4］（壳），现指头目、官阶，如说

① 资料转引自：杨锡铭．潮人在泰国［M］．香港：艺苑出版社，2001；张兴汉．华侨华人大观［M］．广州：暨南大学出版社，1990．

② 周昭京．潮州会馆史话［M］．上海：上海古籍出版社，1995．83～216；方雄普等．海外侨团寻踪［M］．北京：中国华侨出版社，1995．

“伊个客头过大”，或说“大客头”。“咕哩”潮音为［gu^1li^2］（龟哩），现指受雇于人，给人做店员等，如说“伊在香港食人个咕哩”（他在香港做雇工）。究其词源，这两个词却与一段血泪斑斑的“卖猪仔”史有关。“客头”是指替外国洋行在中国贩卖人口的“咕哩”经纪人或掮客（coolie brokers）。“咕哩”是“coolie”的音译，即苦力。早在汕头开埠之前，英、美、西班牙等西方殖民主义者已开始在南澳、妈屿进行掳掠人口的罪恶勾当。据不完全统计，1852年至1858年，从南澳、妈屿掠贩出洋的“猪仔”竟达4万名之多。清人林大川在其笔记《韩江记》卷八中这样记道：“咸丰戊午（1858年）正、二月间，有洋舶数十，买良民过洋者，名‘过咕哩’。初则平买，继则引诱，再则掳掠。海滨一带，更甚内地。沿海居民，无论舆夫乞丐以及讨海搭蠕者亦被掳去。”汕头开埠以后，殖民主义者更是公开设立洋行，经营“猪仔贸易”，如当时的德记洋行和鲁彝洋行。① 这些洋行再委托中国的人贩子做“客头”办“猪仔行”，挂着招工牌子，实际上坑蒙拐骗，干尽坏事。“猪仔行”也叫“咕哩馆”或“客头行”。记载着当年血泪史的潮汕民谣唱道：“心慌慌，意茫茫，来到汕头客头行。客头看见就叫坐，问声人客要顺风……”“断柴米，等饿死，无奈何，卖咕哩。”

马来西亚的伊斯兰风格建筑（林伦伦摄）

时过境迁，当年的“客头行”或“咕哩馆”已灰飞烟灭，“客头”和“咕哩”也已不复存在。然而，这两个词的本义至今仍保留在潮汕方言中，对其本义的追溯，让我们了解了一段不堪回首的“过番”史。

① 朱杰勤．东南亚华侨史［M］．北京：高等教育出版社，1990.131；黄绍生．罪恶的“猪仔”贸易在汕头［A］．黄赞发，陈历明．潮人探奥［M］．广州：广东旅游出版社，1989.

（二）“落马”和“送顺风”

“落马”（音［$loh^8bhê^2$］）和“送顺风”（音［$sang^3sung^6huang^1$］）是两个跟潮汕人“过番”的民俗有关的、具有民俗文化内涵的词语。“侨户有人要出国或华侨回国后要返居留地，亲友邻居就要拿些礼品，如糖果饼食之类来相送，俗叫‘送顺风’，有祝离家者一路平安、顺风得利之意。”又：“侨乡有番客回乡，亲朋戚友就会送来礼品（主要是猪肉、鸡蛋之类），也即接风洗尘之意，俗叫‘落马’。回乡的归侨也就回赠以从海外带来的一点东西，最普通的有面巾、水布和糖、饼等。”① “送顺风”和“落马”之俗，与普通的接风洗尘和告别饯行之俗不同，因为潮汕人到全国各地去或从外地千里迢迢归来都无“送顺风”和“落马”之礼俗，唯有“过番”和从国外返“唐山”才郑重其事地行此重礼，大概是有感于漂洋过海之不易吧。

（三）“唐”和“番”

“唐”（音［$tang^5$］）和“番”（音［$huang^1$］）是两个与丝绸之路有密切关系的、使用频率高、构词能力强的语素。潮籍华侨华人习惯用这两个语素分别来表示“祖国的”和“外国的”的概念，并由此构成了一系列表示“中国的”和“外国的”的词语。如“唐山”、“唐人”（中国人）、“唐人街”（China town）、“唐人话”（中国话）等表示“中国的”；“番畔”（海外、外国）、“过番”（出国）、“番客”（华侨华人）、“老番牯”（老华侨）、“番婆”（外国女人）、“番团”（外国人）、“半菜番”（混血儿）、“番批”（海外汇款）、“番幔”（也称浴布、水布、头布，一种格子布浴巾）、“番纱”（洋纱团）、“番纱辇”（绕“番纱”的小木头梭子）、“番车”（缝纫机）、“番团码”（阿拉伯数字）、“番团楼”（洋楼）、“番瓜”（南瓜）、“番薯”（甘薯，也称“番葛”）、“番柿”（西红柿，也叫“番茄”）、“番梨”（菠萝）、“番葱”（洋葱）、“番话”（外语）、“番文”（外文）等表示“外国的”。

除了上述三组词语之外，潮汕方言中还有一些熟语，也反映了与

① 澄海县侨办内部铅印本《澄海华侨志》，1985. 31.

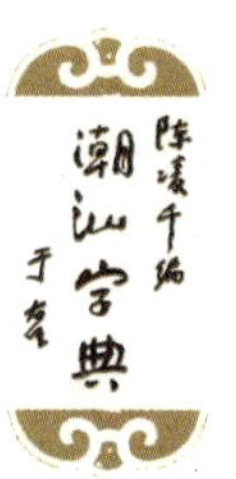

潮汕人“过番”有关的活动和心态。例如：

[无可奈何舂甜粿] 潮人“过番”到东南亚各国，航程以月计，出发前便蒸上一笼“甜粿”（甜糯米糕，年糕）作为干粮。因为年糕不容易发霉变质，可以在海上长时间慢慢食用以充饥。在过去，漂洋过海是万不得已而为之的事，所以说“无可奈何”才“舂甜粿”过番，犹如民谣所云：“荡到无，过暹罗。”（谋生无计、走投无路时才到泰国去）

[人面生疏，番囝擎刀] 此俗语说的是华侨初到国外时的艰难处境：举目无亲，而土著居民动辄以刀枪相向。

[番畔钱银唐山福] 华侨华人在海外稍有积攒，便寄钱回国养家。过去潮汕地区靠侨汇生活的家庭很多，故有此俗语流行。现在数以万计的“侨批”，就是大量侨汇寄回潮汕地区、让侨眷“享福”的见证物。

[见着唐人呾番话，见着番囝嘴脃脃] “脃脃”音［uê^{5}uê^{5}］，这句俗语是用来讽刺那些有过“过番”经历的归侨喜欢在亲友面前卖弄半拉子“番话”（侨居国语言），而真见到外国人时，却缄口不语的洋相。其实，华侨回来后，总是会有一些词语是按侨居国习惯来说的，但潮汕原乡的人听不习惯，还以为是他们在卖弄外语。看看现在刚从国外回来的“海龟”们说话的情况，我们就能明白当时的“番客”们老是要说“番话”的原因了，不一定是为了卖弄外语。

[一片帆去到实叻埠] 这句俗语指一下子走得很远。“实叻埠”即新加坡，简称“实叻”（音［sig^{8}lag^{8}］），原意是“海峡”。有时说去得很远叫“去到暹罗实叻旮旯巴”，“旮旯巴”（音［ga^{1}la^{1}ba^{1}］）则是“吉隆坡”。在潮汕人民的生活中，“暹罗”（泰国）、“新加坡”、“吉隆坡”是经常提到的地名，潮汕人对它们比对国内的大城市还熟悉。还有一个俗语形容聊天时海阔天空、东拉西扯叫“从暹罗哱到猪槽”，由此可见“实叻”、“暹罗”这些地名在潮汕是童妪皆知的。

当然，还有不少民谣也是跟“过番”有关的，但这本书主要是写方言词汇的，就不介绍了。读者有兴趣的话，可以去找相关的著作来读。

第二节　潮汕话中从“番畔”借过来的词语

从明朝到清朝再到民国乃至今日，从几百人、几千人、几万人、几十万人、几百万人到几千万人，600多年的经济文化接触和交流，潮人与南洋的关系越来越密切，潮汕话与泰语、马来语、英语经过了长达数百年的零距离接触与融合，无论是词汇还是语音都已经是“你中有我，我中有你”了。这一节要介绍的是潮汕方言中从“番畔”借过来的词语。

第九届潮学国际研讨会在马来西亚槟榔屿韩江学院隆重举行（林伦伦摄）

一、泰语借词

上文已经介绍过，在南洋各国，泰国的潮籍华人最多。潮人要在泰国生活、发展下去，一定要跟泰人“打成一片”。毕竟，泰国的主要人口结构还是以泰人为主，潮人自觉不自觉地要学泰语，以方便生活和商业往来。因而，从泰语中借进一些词语也是再自然不过的事情了。泰国华文文学作品中常常不经意地掺进泰语词汇，也反映了这种文化现象。

泰国华人艰苦创业的历史，同时也是华人与泰人互相交融的历史。祖籍汕头的泰国华文文学作家谭真的名作《一个坤銮的故事》，就是一部描绘泰国华人与当地人民文化交融的力作。书中讲到华人在泰国生活，要经历三部曲："首先必须了解这里的民俗风情，因而首要的事就是学习简单的生活交际语言……接着是'练食辣'（练习吃辣的——笔者注），以便在饮食上适应泰国人民的习惯；在此基础上，才可能和'番人'阿婶一同驾船到江河中去做生意，并在这个过程中，真正地学会泰国语言，熟悉泰国的民间习俗……"[①] 谭真在他的这部作品中，不但运用了潮州方言，还运用了不少泰语词，如"坤銮"（四等爵名）、"芭病"（一种病）、"通素刀"（一种刀）、"和尚越"（佛寺）、"律实"（徒弟）、"波立"（警察）、"坤拍"（爵名）、"坤乃"（夫人）、"丕通"、"哩知迈"等。这种"泰华"文学现象的出现绝对不是偶然的，它说明泰语和潮语的融合已经到了水乳交融的程度。

泰式建筑之一（林伦伦摄）

下面是泰国潮州话中常见的泰语借词（泰语词以潮语借词记音的形式注出，圆括号里是潮州音同音字）。

---

① 陈贤茂等．海外华文文学史（第2卷）［M］．厦门：鹭江出版社，1999. 396.

[a^{1}zang^{1}]（阿棕）：老师，教授，泰语原意是高僧。

[ku^{1}]（区）：老师。

[ku^{1}zai^{3}]（区载）：校长。

[kun^{1}]（坤）：男爵，对人的尊称，华文写作“坤”。如“kun^{1}nai^{2}”，指夫人；“kun^{1}nang^{2}”，指大官员。

[bai^{5}ca^{7}]（牌差）：茶叶。

[bu^{5}li^{1}]（巫哩）：香烟。

[ho^{1}]（河）：包（量词）。“ho^{1}bai^{5}ca^{7}”，指一包茶叶。

[huang^{1}ma^{1}lai^{3}]（番玛莱）：花环（喜事用）。

[huê^{1}hua^{5}]（花华）：电灯。

[huê^{1}cai^{2}]（花采）：手电筒。

[gag^{4}bao^{6}]（咭暴）：皮袋，衣袋，裤袋。

[gag^{4}bao^{6}ngeng^{5}]（咭暴银）：钱包，荷包。“ngeng^{5}”是潮州话“银”。

[gag^{4}big^{4}]（咭哔）：皮箱，衣箱。

[gah^{4}dih^{4}]（呷蒂）：开水壶。

[gah^{4}lag^{8}]（呷叻）：纸。

[ga^{1}tong^{1}piang^{3}]（呷通片）：“ga^{1}tong^{1}”是“cartoon”的音译；“piang^{3}”是潮州话“片”。

[lê^{6}zang^{3}]（呖壮）：小渡船。“搭 lê^{6}zang^{3}”，指乘坐小渡船。

[mai^{5}siab^{8}]（埋燮）：泰国的一种木料，柚木。

[bang^{1}ma^{1}lai^{3}]（邦玛莱）：花圈（丧事用）。

[big^{4}]（哔）：箱子，铁箱。“一 big^{4}油”，指一箱油。

[dug^{8}gag^{4}da^{5}]（凸呷呔）：洋娃娃，玩偶。

[ang^{5}mo^{5}dang^{1}]（红毛丹）：一种水果。

[ga^{2}cia^{1}]（绞车）：开汽车。

[gi^{1}lo^{5}]（基罗）：泰语借自英语“kilo-”，潮语又转借泰语，指公里。

[kung^{1}long^{6}]（空垄）：糕饼。“kung^{1}long^{6}bang^{1}”，指饼干。

[nam^{1}ba^{1}]（湳巴）：鱼露，潮州本土叫“腺汤”（音[co^{1}teng^{1}]）。

[nam^{1}ca^{7}]（湳差）：茶水。

[ba^{1}lang^{1}]（巴鳞）：圆鲹鱼，尾部有硬鳞，泰国潮州话也叫“硬

尾”。“ba^{1}”是泰语“鱼”的音译，“lang^{1}”是潮州话“鳞”；“硬鳞”一词中的“鳞”潮州话也读阴平调。

[sa^{1}dê^{5}]（砂茶）：沙茶，东南亚风味食品的一种常用作料，辣而香，有酱和沫两种。“sa^{1}dê^{5}”，指牛肉（用沙茶酱炒的牛肉）。

[ka^{2}kai^{2}]（咔凯）：做生意。

[ka^{3}loi^{5}lang^{1}]（扣犁廊）：拍卖。

[long^{2}]（垄）：指店、馆、厂、作坊、所等。例如，“菜long^{2}”，指腌制咸菜的作坊；“豉油long^{2}”，指酱油厂；“bo^{1}lib^{4}long^{2}”，指警察局；“long^{2}主”，指公司老板或经理。

[lag^{8}tang^{6}]（叻桶）：家财。“有lag^{8}有tang^{6}”，指家财万贯。

[lo^{5}]英语“gross”的音译，“一lo^{5}”等于12打，144件。

[bai^{2}pêng^{1}]（摆拼）：摆摊卖货。“pêng”，小摊贩；“bai^{2}”，潮州话“摆”。

[dag^{8}lag^{8}]（哒叻）：市场，农贸市场。

[gim^{1}doh^{4}]（金桌）：吃宴席。“gim^{1}”是泰语“吃”的意思；“doh^{4}”，潮州话“桌”，本土潮州话叫“食桌”。

[gim^{1}liang^{1}]（金亮）：兜风。“坐车gim^{1}liang^{1}”，指坐车兜风。

[bag^{4}ngeng^{5}]（剥银）：罚款。“bag^{4}”，泰语“处罚”的意思；“ngeng^{5}”，潮州话“银”。

[tua^{1}]（拖）：英语“tour”音译，旅游。

[zao^{2}bai^{2}nai^{6}]（走摆奈）：上哪儿去？“bai^{2}nai^{6}”是泰语，本来就是“上哪儿去”的意思；“zao^{2}”是潮州话的“走”。

[gog^{4}]（啯）：小巷。

[lai^{5}]（莱）：泰语面积单位，华文写作“莱”，一莱大约等于中国的25亩。

[lam^{5}uang^{2}]（喃旺）：泰国土风舞，如“跳lam^{5}uang^{2}舞”；华文写作“南旺”。

[lag^{4}]（叻）：车载。

[log^{8}tong^{2}]（摝统）：原指金花，引申指荡妇、淫妇。

[og^{4}si^{1}zêng^{7}]（喔咝僧）：英语“oxygen”的泰语音译，一般指电焊，也指氧气。

[puag^{4}]（拨）：泰币单位元；华文写作“铢”，训读。

[sêk^{4}dim^1]（色朕）：英文“steam”的音译，蒸汽。

[siam^{5}lo^5]（暹罗）：泰国的旧称，写作暹罗。

[da^{2}lang^1]（打廊）：监狱。

[dang^1]（丹）：铜板，如“一个 dang^1”；华文写作“丹”。

[bo^{1}sêng^1]（波升）：泰语借自英语“persent”，潮语又转借泰语，指成数，即百分之几；10%叫“10 个波升”。

[tou^{5}liang^5]（涂梿），榴梿，一种水果。

[uag^4]（斡）：佛寺。

[uag^{4}zin^1]中式寺庙。

上面所举例的是潮州话中的泰语借词，准确地说，这里的潮州话指的是泰国的潮州话，因为与泰国人打交道的是泰国的潮州人。泰语借词多是泰国潮州话的特色之一。但是，泰国潮人又是典型的不忘家国的华人，在泰国稍有发展，经济上稍微宽裕一点，便回国省亲，看望父老乡亲，甚至在家乡讨上老婆。于是，随着“暹罗番客”的频繁回乡探亲与生意往来，不少泰语借词也被带进本土的潮州话中。例如：“gag^{4}bao^{6}ngeng^5”（咭暴银：钱包，荷包）、“gag^{4}big^4”（咭哔：皮箱，衣箱）、“big^4”（哔：箱子、铁箱）、“mai^{5}siab^8”（埋燮：泰国的一种木料）、“ba^{1}lang^1”（巴鳞：圆鲹鱼，也叫“硬尾”）、“sa^{1}dê^5”（砂茶：沙茶，东南亚风味食品的一种常用作料，辣而香，有酱和沫两种）、“long^2”（指店、馆、厂、作坊、所等）、“puag^4”（拨，泰币单位元；华文写作“铢”），等等。当然，借用的词义可能有所变化，例如“long^2”（垄）本来可以指店、馆、厂、作坊、所等，但到了潮汕本土，语义范围便缩小，仅指工厂、作坊，如“菜 long^2”（腌制咸菜的作坊）、“豉油 long^2”（酱油厂）等。随着时代的发展，清末至民国时期再到文化大革命前一度流行的这些词语，也大多被淘汰了。现在，唯有跟生活息息相关的“ba^{1}lang^1”（巴鳞）、“sa^{1}dê^5”（砂茶）等几个词还保留着，算是“硕果仅存”了。

二、马来语借词

除了泰国之外，潮人“过番”最多的国家就是马来西亚和新加坡了。而这两个国家在各自独立之前，国语都是马来语，因而潮人也从

马来语中借来了不少词语。例如：

[ma^{2}dan^6]（玛淡）：指逮捕，词源是马来语的“mata-mata”，原意为警察。另潮汕话以前称警棍为“玛淡槌”，也同源。现在的马来西亚潮州话则称警察为“大狗”。

[a^{1}ing^5]（阿铅）：铁丝，用来箍木桶的铁丝圈叫“阿铅箍”。马来语为“ayan”。

[dong^6 gag^4]（动角）：手杖，拄手杖叫“据动角”。马来语为“tongket”。

马来西亚槟榔屿潮州会馆的牌匾（林伦伦摄）

马来西亚槟榔屿街头（与汕头市的“四永一升平”何其相似）（林伦伦摄）

[ngou^{6}ka^{1}gih^4]（五脚砌）：指城市骑楼下的人行道。马来语“ka-ki”意为英尺，“ngou^6”是福建（闽南）话“五”，因骑楼下的人行道宽五英尺而得名。

[bha^{7}u^2]（峇羽）：指气味，味儿很浓叫“块峇羽过重”；马来语为“ba-u”。

[gu^{1}li^2]（龟哩）：伙计，店员，在人家厂里、店铺里打工，称为“食龟哩”；马来语称店员为“kuli”，似是词源。有人则认为该词借自英语“coolie”（苦力），也可通。

[lo^{5}di^1]（啰嘀）：潮汕本土指一种形为圆粒、上点砂糖的儿童饼干，在马来西亚和新加坡指面包或饼干，马来语叫“roti”（饼干），新加坡潮州话叫“啰嘀饼”。还有人则认为来自印度语。

[sa^{1}li^5]（砂哩）：一种铁皮，可以做水桶和其他盒子等容器；马来语为“sari”。

[gu^{1}bi^5]（龟啤）：马来语、新加坡潮州话叫“糕啤”，指咖啡，如“糕啤乌”（黑咖啡），马来语原词为“kopi”；“咖啡”一词的最原始词源究竟是哪种语言我们不知道，但潮汕话里的“龟啤”来自马来语则是肯定的。

[su^{1}gah^4]（需甲）：合意，喜欢，表示随人家的意思可说“在人需甲”；马来语为“suka”。

[do^{5}long^5]（朵隆）：饶恕，保佑；马来语词源为“tolong”。

[gi^6]（僛）：潮音，意为痴呆；马来语为“tingagila”，新加坡潮州话译为“丁亚僛”，“僛”是省称。

[bha^{7}gian^2]（峇囝）：指鳄鱼，旧时形容泰国鳄鱼的凶猛说“暹罗峇囝，有人食人，无人食影”；马来语原词是“baya”。

上面这些马来语借词，在本土潮汕话中的生命力还算是强的，现在继续使用的还有如“阿铅”、“五脚砌”、“朵隆”、“需甲”、“僛”等，而“糕啤”、“峇囝”、“峇羽”等已经被与普通话相同的“咖啡”、“鳄鱼”、“味”所替代。

三、英语借词

有些外来词的词源是英语，但究竟是由港澳同胞带来，还是由东

南亚华侨华人先借自英语，再辗转带回潮汕本土，现在已很难说清楚了。能证明的是，这些英语单词肯定是“番客”或者“香港客”带来的，而非潮人自己在本土学习到的。例如：

[lo^{1}li^{5}]（啰哩）：指汽车；英语为“lorry”，原指货车。

[ma^{1}do^{1}gao^{5}]（玛多猴）：旧时称摩托；英语为“motorcar”。

[mag^{8}tao^{5}]（目头）：旧时指商标，现多引申指来头；词源是英语“mark”。粤语写作“唛”，如“鹰唛”、“三角唛”等。

[gi^{1}lo^{5}]（叽啰）：意为千瓦；英语为“kilo-”，意为“千”，新加坡潮州话称公斤为叽啰（kilo-gram），泰国则只称作“啰”，而另以“叽啰”指公里（kilo-meter），同理。

[buê^{3}si^{6}]（贝氏）：指轴承座；英语为“base”。

[sig^{8}ba^{1}na^{5}]（实巴拿）：扳手；英语为“spanner”，粤语译为“士巴拿”。

[se^{6}dog^{8}]（士独）：以前叫灯管的启辉器；英语单词是“starter”。

[sug^{8}]（述）：投篮（篮球术语）；英语为“shoot”或“shot”。

[nêg^{8}]（肉）：潮音，触网（乒乓球、网球术语）；英语为“net”，意指网、触网。小时候，打乒乓球有“二肉当一”的土规则（两次触网就相当于输一个球），现在看了网球比赛，才知道应该是指网球比赛发球的“双误”，即连发两个失误的球算丢一球。

[ao^{3}sai^{2}]（沤屎）：出界；英语是“outside”；因为与表示“臭”、“烂”、“不好”的土语词“沤屎”谐音，鲜有人想到这是英语借词。

[u^{2}]（羽）：毛料（衣服），俗语形容毛料衣服的高档说“真羽孬缀塗”（好的毛料衣服不会沾尘土）。其实“羽”只是偶然同音而已，与“羽毛”没关系，英语单词是“wool”。

[hui^{1}lim^{5}]（菲林）：胶卷，中国的第一张菲林是汕头的公元胶卷厂造出来的，“菲林”一词当然也就很早进入汕头等地；英文词是“film”。

[huê^{2}se^{6}lêng^{6}]（火士令）：一种油脂品，普通话译作“凡士林”；英语是“vaseline”。

[si^{1}lêk^{8}]（司绿）：虫胶清漆；英语词源为“shellac”。

上面这些英语借词多数已经被淘汰了，现在的潮汕话里新借进来的英语单词，则是由粤语转借进来的。如“的士”、“打的”、“镭射”（激光）、“巴士”、“大巴”、“中巴”、“小巴”、“迪斯科”、“波鞋”、“T 恤”等均如是。

第三节 被“番话”借过去的潮汕话词语

文化的接触和语言的交流是双向的，是一种互相的影响。虽然这种影响不一定是均等的，强势语言会对较为弱势的语言产生更大的影响，但毕竟还是产生了“你中有我，我中有你”的结果。潮汕话从泰语、马来语、英语中借用了一些词语，泰语、马来语也不可避免地借用了不少潮汕话的词语，尤其是跟日常生活和经济活动有关的词语。

潮州会馆里的“九邑流芳”牌匾（林伦伦摄）

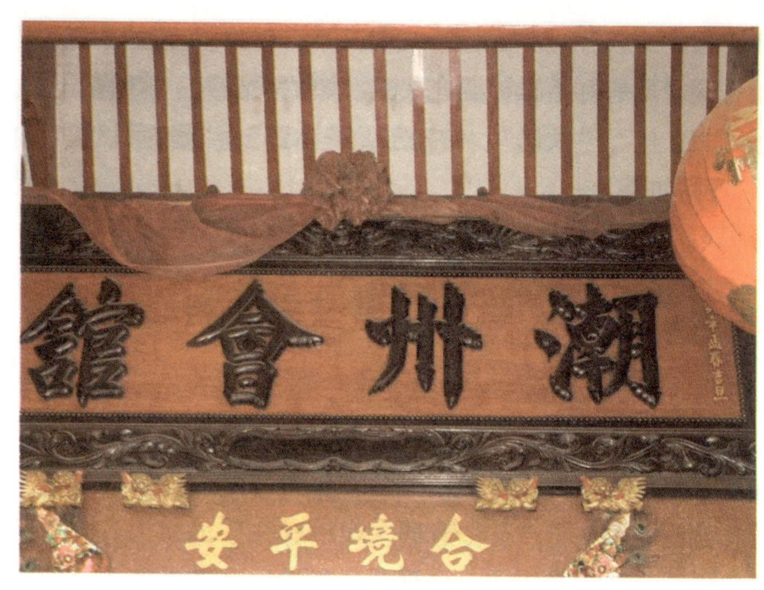

"潮州会馆"牌匾（林伦伦摄）

东南亚的潮州饭店牌匾（林伦伦摄）

一、泰语中的潮汕话借词

上文我们已经介绍过，下南洋的潮人到泰国的最多。潮人到了泰国，带去了先进的农业技术和商业理念及潮人的生活习惯，对泰国人产生的影响颇大，反映这些现象的词语也大量进入泰语。在文化方面，泰国也受到了巨大的影响，例如宗教信仰和文学艺术方面，潮州人信仰的妈祖、大峰祖师、关帝、龙尾爷等在泰国到处都有。[①] 中国的四大名著也被潮州人翻译成泰文介绍给泰国人民，而书中的人名和地名，都是按潮音来翻译的，如《三国》叫“Sam Kok”、刘备、关羽和张飞分别音译成“Lao Bi”、“Uan U”和“Tio Hui”。泰语中借用潮汕话之多，受到了泰国学者的关注。上文已经提到，披耶阿努曼拉查东指出：“泰语也采用了汉语的词汇，有关华人特有的某些物品和食品的名称，以及一些与贸易有关的词汇，很大部分用于口头方面，但是许多已被全盘移植进泰语。泰语中的汉语词是潮州或汕头的方言。”[②]

泰式建筑之二（林伦伦摄）

① 段立生．泰国的中式寺庙［M］．曼谷：泰国大同社出版有限公司，1996.

② ［泰］披耶阿努曼拉查东．泰国传统文化与民俗［M］．马宁译．广州：中山大学出版社，1987. 73；参阅：司马攻．无心插柳柳成荫——中华文化在泰国的传承［N］．泰国新中原报，1991-08-02（18）；王绵长．华侨华人与中华传统文化在泰国的传播［A］．世界华侨华人研究（第3辑）［M］．广州：暨南大学出版社，1995.

下面就是泰语借自潮州话的例子。[1]

（一）人物称谓类

[a hia]（阿兄）：哥哥，对比自己年纪稍大的男子的称谓。

[a i]（阿姨）：母亲，姨妈。

[a gong]（阿公）：爷爷，祖宗。

[a gu]（阿舅）：舅舅。

[a ma]（阿嫲）：奶奶。

[a muai]（阿妹）：妹妹，对小姑娘的称谓。

[a bêh]（阿伯）：伯父，对老年男子的称谓。

[a sim]（阿婶）：婶婶，对中年妇女的称谓。

[a di]（阿弟）：弟弟，对男孩的称谓。

[hio gong]（香公）：寺庙管理员。

[huan nang]（番人）：外国人，指侨居国人。

[guan im]（观音）：观音菩萨。

[gun se]（军师）：参谋的人。

[lao sim]（老婶）：对老年妇女的称谓。

[liu lo]（喽啰）：手下马仔。

[no gia]（孥囝）：小孩儿。

[bun tao gong]（本头公）：土地神。

[sa bua]（三盘）：二手批发商。

[sam bo gong]（三保公）：对郑和的尊称。

[se hia]（师兄）：对先进入师门的同门学艺的同学的称谓。

[se bê]（师父）：对自己师傅的尊称。

[sia]（舍）：对男人的尊称。

[sian]（仙）：对性格比较闲散的人的谐称。

[sin sê]（先生）：对老师、医生等的尊称。

---

① 泰语中的潮州话借词资料，除本人的调查组成员所获资料，其他分别采集自萧元川《暹汉辞典》（南美有限公司，1963），龚群虎《泰语中潮汕话借词的义类》（《潮学研究》第8辑，花城出版社，2000），李泰盛《泰语中潮州话借词及其词义嬗变说略》（《汕头大学学报》2004年第3期）等。我的调查组成员是：林逸城（男，泰国归侨，1931年出生）；王慧华（女，泰国华文学校教师，1941年出生）；柯冰丽（女，泰国留学生，1969年出生），等等。特此致谢。另外，泰语只是记音，潮州话被借过去后声调随泰语发音习惯而改变，因而这些潮州话借词没有记录声调。

[sin tang]（新唐）：新来的华人。
[siu zai]（秀才）：对读书人的尊称。
[dua bui]（大肥）：胖子。
[deng nang]（唐人）：中国人。
[dua po]（大簿）：戏班主人。
[tao gê]（头家）：老板。
[tao gê nia]（头家娘）：老板娘。
[tao nang]（头人）：剧团团长。
[tao ciu]（头手）：大厨师。
[zi gong]（济公）：传说的一个道行高深的和尚。
[zo sua]（座山）：富翁。
[cin dêng]（亲丁）：华人工头。
[ri bua]（二盘）：批发商。
[ruan lo]（暖炉）：火锅。

（二）生活用品类

[ang bao]（红包）：红色的利市袋。
[hio]（香）：烧的香火。
[gao i]（交椅）：有靠背和扶手的椅子。
[giah]（屐）：木屐。
[go ioh]（膏药）：中药外用药。
[ko kuaih]（裤橛）：中式短裤。
[kui hêng]（开胸）：对襟衫。
[lo go]（锣鼓）：锣和鼓。
[bang do]（方刀）：长方形的菜刀。
[bun gi]（粪箕）：一种装垃圾、泥沙等的竹编工具。
[san ban]（舢板）：一种小船；也叫“舢板囝”。
[dêh io]（榨腰）：给压岁钱；压岁钱叫“榨腰钱”。
[deng gui]（当归）：中药名。
[doh]（桌）：宴席，酒席。
[tang iu]（桐油）：梧桐籽榨出来的油，用于漆木家具等。
[zê]（斋）：素，吃素叫“食斋”。

[zê gang]（井缸）：一种大花瓶。

[ciam si]（签诗）：求卜抽签的签牌上所写的诗句。

（三）食品类

[bhêh sê]（麦生）：麦芽糖。

[he sê]（鱼生）：生鱼片。

[he ci]（鱼翅）：鲨鱼翅，一种高档食品。

[hoi zo]（蟹枣）：蟹肉做的枣子大小的食品。

[galo zi]（栲栳粢）：一种扁圆形的糯米粢粑。

[giam cai]（咸菜）：一种腌制的芥菜。

[gong cai]（贡菜）：一种腌制的小菜，据说曾经进贡朝廷，故名“贡菜”。

[gu cai]（韭菜）：蔬菜名。

[guai diao]（粿条）：一种潮式米粉条。

[guai zab]（粿汁）：一种用米面片儿做的小吃。

[ka na]（芥蓝）：芥蓝菜。

[ken cai]（芹菜）：蔬菜名。

[mi]（面）：面条。

[mi sua]（面线）：一种带咸味的细面条。

[muai]（糜）：粥。

[o luah]（蚝烙）：牡蛎煎，福建话叫“蚝团烙”，一种用红薯淀粉和小牡蛎煎成的小吃。

[bao he]（鲍鱼）：鲍鱼。

[bêh cai]（白菜）：大白菜。

[bêh hê]（白虾）：一种白色的虾。

[boli cai]（玻璃菜）：生菜，莴苣菜的一种。

[boh bia]（薄饼）：一种用薄薄的饼皮包上馅儿然后卷成条形而成的小吃。

[buai lêng]（菠薐）：菠菜。

[si iu]（豉油）：酱油。

[song he]（鳙鱼）：俗称大头鱼、胖头鱼。

[dang guai cêh]（冬瓜册）：糖冬瓜片。

[dang o]（茼蒿）：茼蒿菜。

[dang cai]（冬菜）：一种腌制的小菜，可用作作料。

[dao ghê]（豆芽）：豆芽菜。

[dao hu]（豆腐）：豆腐，潮汕本地叫“豆干”。

[dao si]（豆豉）：腌制的大豆，也叫“豆豉脯”。

[dao zio]（豆酱）：豆瓣酱。

[dao suan]（豆渲）：绿豆去壳以后煮成的甜品小吃。

[zab cai]（杂菜）：多种小菜，卖小菜的店叫“杂菜铺”。

[ziam i]（占圆）：占米面儿做成的小吃，也叫“占米圆”。

[zig co]（浙醋）：陈醋。

[cai bo]（菜脯）：萝卜干。

[cai tao]（菜头）：萝卜。

[cao he]（草鱼）：一种淡水鱼。

[cao guai]（草粿）：用凉粉草熬成的褐色凉粉，消暑小吃。

[cê bhuai]（青尾）：一种尾部为浅青色的虾。

（四）商业活动类

[hang]（行）：行铺，货店。

[hang cêng]（行情）：生意的情况。

[gim deng]（金堂）：金铺。

[gong si]（公司）：做生意的机构。

[bio huai]（标会）：商业竞拍。

[poi]（批）：华侨华人给祖国内地亲人所寄的信和汇的钱，引申指名单。

[poi guan]（批馆）：为华侨华人寄信汇钱的机构。

[sêng li]（生理）：生意。

[ri ho]（字号）：商铺，商店。

[rig dog]（日逐）：每天，商店里指每天的商业流水账。

（五）形容词类

[hêng]（兴）：运气好。

[hiang]（显）：显灵，灵验。

[ga gan]（敢干）：胆子大，敢说敢干。

[gao zêng]（狗种）：狗杂种，骂人的话。

[gêg sim]（激心）：闹心，生气。

[giam siab]（咸涩）：吝啬，小气。

[bê io]（平样）：一样，相同。

[si sua]（四散）：随便，乱（来）。

[su hog]（舒服）：佩服，服输。

[suai]（衰）：倒霉，运气不好。

[diang dao]（颠倒）：糊里糊涂。

[zêng]（肿）：（事情）黄了，（生意）破产。

[cê mê]（青盲）：眼瞎，瞎子。

[ci go]（痴哥）：好色。

[ci cam]（凄惨）：苦，悲惨。

（六）动作行为类及其他

[gêng]（经）：想，预测。

[mêh]（脉）：中医大夫把脉看病。

[pah lo]（拍卤）：卤制（肉）。

[suo hui]（所费）：费用。

[doi]（题）：捐（钱）。

[tu si]（图死）：耍赖，不达目的决不罢休。

[cong]（冲）：冲泡（茶）。

[huang zui]（风水）：地理堪舆。

[gong dêg]（功德）：为死人诵经超度叫“做功德”。

[kao bê]（哭父）：骂人乱说话。

[tai go]（癞哥）：麻风病。

潮州话和泰语的接触与交流已经有几百年的历史了，在这漫长的历史过程中，双方的借词必定会随着社会文化和经济的变化及语言系统本身的变化而发生变异与发展。经过几百年来的发展，泰语中的潮州话借词也有了变异，可总结为六点：

第一，有一些词语被淘汰了，如“进贡”、“舢板”、“廊主”、

"新唐"等。

第二，一些词语的词义被引申发展了，如"榄粒（指橄榄球）、"落船"（指逃走）、"国"（指党派）、"批"（指名单）、"江西"（指器物）、"日逐"（指商店每天的流水账）等。

第三，一些潮州话词语被泰人误解，然后将错就错，使其词义发生了面目全非的变化，如"gao^{1}lao^{1}"（交捞），潮州话原指几种东西搅在一起，泰语指无法和谐相处，词义几乎相反。再如，"白糖糕"指油条，这基本上可以说是指鹿为马了。据说是以前有小贩把白糖糕和油条放在一起卖，泰国人把两者弄乱了。"狡猾"变成"古旧"，现在都不知道为什么会有这种词义的变化。

第四，有一些词，为了使用起来更明白，在潮州话词上又加上了泰语语素，把借词泰化。如：①

潮州话	泰　语	所加泰语语素
菊花［gêg^{4}huê^{1}］	［dog gêg huai］	［dog］（花）
芹菜［kêng^{5}cai^{3}］	［phag kun cai］	［phag］（蔬菜）
青尾［cên^{1}bhuê^{2}］虾	［kung cê bhuai］	［kung］（虾）
江西［gang^{1}sai^{1}］器物	［khrung gang sai］	［khrung］（器物）
唐三藏［tang^{5}sam^{1}zang^{6}］	［phra tang sam zang］	［phra］（方丈）
被［puê^{6}］被子	［pha puai］	［pha］（布料）

第五，声调的泰化。潮州话的借词在泰语中基本上是按泰语的声调念的，让人一听就知道那是泰国人在说潮州话。

第六，潮州话里的一些语音特点消失了或者被替换。最常见的如下：

①鼻音韵母的鼻音成分都消失了。例如：

泰　语	潮州话
［hio gong］（香公）：寺庙管理员。	香［hion］
［cê mê］（青盲）：眼瞎，瞎子。	青盲［cên mên］
［he sê］（鱼生）：生鱼片。	生［sên］
［bê io］（平样）：一样，相同。	平样［bên ion］
［sin sê］（先生）：对老师、医生等的尊称。	生［sên］

① 资料来源：李泰盛．泰语中潮州话借词及其词义嬗变说略［J］．汕头大学学报，2004（3）．特此致谢。原文是国际音标注音，这里改为潮州话拼音注音，以保持全书统一。

[si sua]（四散）：随便，乱（来）。	散 [suan]
[zo sua]（座山）：富翁。	山 [suan]
[ri bua]（二盘）：批发商。	盘 [buan]

②后鼻音韵尾变成前鼻音韵尾，而这些字在普通话中也都是前鼻音韵尾的。例如：

泰　语	潮州话
[huan nang]（番人）：外国人，指侨居国人。	番 [huang]
[guan im]（观音）：观音菩萨。	观 [guang]
[gun se]（军师）：参谋的人。	军 [gung]
[sian]（仙）：对性格比较闲散的人的谐称。	仙 [siang]
[sin sê]（先生）：对老师、医生等的尊称。	先 [sing]
[sin tang]（新唐）：新来的华人。	新 [sing]
[cin dêng]（亲丁）：华人工头。	亲 [cing]
[ruan lo]（暖炉）：火锅。	暖 [ruang]

③ [－uê] 韵母变成 [－uai] 韵母了。例如：

泰　语	潮州话
[a muai]（阿妹）：妹妹，对小姑娘的称谓。	妹 [muê]
[puai]（被）：被子。	被 [puê]
[suai]（衰）：倒霉，运气不好。	衰 [suê]
[guai zab]（粿汁）：一种用米面片儿做的小吃。	粿 [guê]
[muai]（糜）：粥。	糜 [muê]

④ [－ou] 韵母变成了 [－o] 韵母。例如：

泰　语	潮州话
[pah lo]（拍卤）：卤制（肉）。	卤 [lou]
[no gia]（孥囝）：小孩儿。	孥 [nou]
[ruan lo]（暖炉）：火锅。	炉 [lou]
[zig co]（浙醋）：陈醋。	醋 [cou]

二、马来语中的潮汕话借词

在新加坡和马来西亚，福建（闽南）话被作为既不懂马来语，又不懂英语的华侨华人的交际用语。福建（闽南）话与马来语在新加坡并行使用，互相借用词语。新加坡、马来西亚的福建（闽南）话其实跟潮州话很接近，在潮人比较多的槟榔屿，我们听到的福建（闽南）话几乎和当地的潮汕话一样。被马来语借用的潮汕（闽南）话词语很多，例如：

新加坡干净的马路（林伦伦摄）

凤凰树①（林伦伦摄）

① 这种在东南亚遍地皆是的凤凰树后来成了汕头市的市花。

马来语	潮州（闽南）话
[ang hun]（红薰）：一种烟丝。	[ang^{5}hung^{1}]
[ang pau]（红包）：红包。	[ang^{5}bao^{1}]
[chak]（漆）：油漆。	[cag^{4}]
[chi]（钱）：钱。	[zin^{5}]
[chun]（寸）：寸。	[cung^{3}]
[gim pai]（金牌）：金牌。	[gim^{1}bai^{5}]
[ka chuak]（甴甲）：蟑螂。	[ga^{1}zuah^{8}]
[ku chai]（韭菜）：韭菜。	[gu^{2}cai^{3}]
[mi]（面）：面条。	[min^{7}]
[pao]（包）：包子。	[bao^{1}]
[po piah]（薄饼）：春卷。	[boh^{8}bian^{2}]
[seng se]（先生）：中医。	[sing^{1}sên^{1}]
[suei]（衰）：倒霉。	[suê^{1}]
[tai ko]（癞哥）：麻风。	[tai^{2}go^{1}]
[tau hu]（豆腐）：豆腐。	[dao^{7}hu^{7}]
[ai kok]（爱国）：爱国。	[ain^{3}gog^{4}]
[bio]（庙）：寺庙。	[bhio^{7}]
[im lek]（阴历）：阴历。	[im^{1}lêh^{8}]
[hok ki]（福气）：福气。	[hog^{4}ki^{3}]
[ho han]（好汉）：好汉，英雄。	[ho^{2}hang^{3}]
[ko yok]（膏药）：膏药。	[go^{1}ioh^{8}]
[kwa mia]（卦命）：算命。	[guê^{3}mian^{7}]
[lo kio]（六蕌）：蕌头。	[lag^{8}gio^{6}]
[meh]（脉）：脉搏。	[mêh^{8}]
[pe cun]（扒船）：划船。	[pê^{6}zung^{5}]
[po]（抱）：抱。	[po^{6}]
[pe cai]（白菜）：白菜。	[bêh^{8}cai^{3}]
[se]（姓）：姓氏。	[sên^{3}]
[sio cia]（小姐）：小姐。	[sio^{2}zia^{2}]
[siu cai]（秀才）：秀才。	[siu^{3}zai^{5}]
[teh]（茶）：茶。	[dê^{5}]

[tiap]（帖）：一剂中药。 [tiab4]

[toa ha]（带孝）：戴孝。 [dua3ha3]

马来西亚槟榔屿街头的“汕头客栈”（林伦伦摄）

第三章　方言熟语：潮汕劳动人民的智慧结晶

我对方言熟语的了解，是从少年时期猜谜语开始的。

从小学四年级到高中毕业，我在澄海冠山乡度过了整整六年的美好时光。村里的神山脚下，有一个有着几百年历史的冠山书院。我就在冠山书院旁边读高一。因为喜欢打乒乓球，我每天早晨提前一个小时去学校，放学后延后一个小时回家，这挤出来的两个小时，我就在冠山书院过去先生们设坛讲学的大厅里，光着脚丫子打乒乓球（为了省鞋子）。课余时间，常常随一帮同学到神山上去勘踏“仙脚迹”，看它比自己的脚大多少，到文曲星庙去看看黑不溜秋的文曲星爷（偶像）有没有被人偷走。

冠山乡是个文化之乡，深受农民爱戴的老干部余锡渠前辈把这里建设成农村文化建设的典范，而爱国爱乡的著名华侨谢易初先生（正大集团总裁谢国民先生的父亲）则把这里当成他回国建设良种农场的实验基地。我们读书的冠山书院旁边，当年他手植的几十棵名字叫“埋燮”的泰国柚木，如今已经长成参天大树，我不久前才又去“礼拜”了一次。

文化之乡冠山有一个很好的传统，就是每逢新春佳节，从初一到元宵，都有搭台猜谜的习俗。谜台常常搭在被当地乡民们称作“四落内”的冠山学校的门楼外面。谜台很简单，从教室里搬来几张课桌，上面摆上用以奖赏的糖果、香烟、火柴之类。谜语就张贴在墙上。台主多数是学校里的老师，坐在台边的鼓架子边，用鼓声来指示猜谜者是否“射虎中的”。在我的记忆里刻录下来的，而今仍然清晰如新的就是那些猜民间俗语的谜语。谜台虽然设在乡村里，但谜语多数是文绉绉的，什么《千字文》一句、《唐诗三百首》一句、《红楼梦》诗词一句、《幼学琼林》一句等等，我只能干瞪眼，因为当时没这些书可读呀！内容太深，难度太大，就会冷场。每到冷场时，台主就会出

些适合大众的谜语出来救场，把气氛再炒热起来，这时往往是出一些谜底为民间俗语的谜语给大家猜。这些民间俗语都活在老百姓的心中，虽然“低俗”，有些还“涉黄”，但老百姓喜欢。猜谜人俗语一出，咚咚咚三声鼓响，大家哄堂大笑，其乐融融！我至今还记得的如“老猪母相撬”（谜底：扱支嘴）、“保护和尚”（谜底：留你在奉佛）、“老婆跋落溪”（谜底：妻凉妻嗒）、“青盲囝看电影”（谜底：听声）等等。

就因为要猜谜，我学会了不少民间俗语，背诵了水浒一百零八将的名字、绰号及其使用的兵器等“歪门邪道”的东西。后来上了大学，学了方言学，没曾想这些东西倒成了我关于民俗语言的启蒙课程。

作为方言研究者，现在的我对饱含民俗文化内涵的“民俗词语”感兴趣，不再是为了猜中谜底，以获得更多的香烟、糖果、火柴等奖品，而是因为我已经知道：方言里的民俗词语，既是对当代存在的、活着的民俗事象的记录，是“活生生”的；也可以是一种化石，可以唤起人们对已经消失或者行将消失的民俗事象的集体记忆。正因为如此，民俗学家们很重视对俗语的研究。英国著名民俗学家查·索·博尔尼（Char Lotte Sophia Burne）在其《民俗学手册》中指出：“有韵的俗语、俚语等，平时常挂在口头的人，虽然不会去理会它的原来的含义，但就采风者而言，却是颇具科学意义的。”① 日本著名民俗学者井之口章次说：“我们听取民间传承资料多半以方言为媒介，因此，不能不关心方言和语言的问题。”② 中国的民俗学者也很早就把民俗研究与方言俗语的调查结合起来，“在民俗调查和研究方面，‘五四’知识分子首次呼吁对一般民族民俗资料的调查与搜集。北京大学还曾成立方言调查会和风俗调查会，开展了一定范围内的风俗学活动”③。民俗语言学家曲彦斌也认为：“民俗语汇是各种民俗事象和民俗要素的载体，……它是民俗语言中最活跃的部分，研究民俗语汇对认识民间世俗生活，研究中国文化甚至对认识世界有着重要的作用。”④

方言俗语确实是民俗文化研究的宝藏。先贤云：“礼失求诸野。”

---

① ［英］查·索·博尔尼．民俗学手册［M］．程德祺等译．上海：上海文艺出版社，1995. 237.

② ［日］井之口章次．民俗学入门［M］．北京：中国民间文艺出版社，1988. 117.

③ 钟敬文．民俗文化学梗概与兴起［M］．北京：中华书局，1996. 5.

④ 曲彦斌．中国民俗语言学［M］．上海：上海文艺出版社，1996. 62.

在此意义上，我们可以再进一步说："礼失求诸野语。"而民俗语言中，最能体现老百姓生活中创造出来的集体智慧的就是方言熟语。从1980年着手准备学士论文资料伊始，我就开始积累潮汕方言熟语资料，民间各种正式出版、内部印刷的资料，甚至手抄本、老百姓的口头资料，都搜求彙集之。此嗜好成了亲友们都熟知的谈资，甚至有不知姓名者打电话来，只为问一句："林老师，×××××俗语你收了吗?"我真的很是感动。虽然，大部分的词语我都已经收录，但老百姓的热情，更鼓励我决心在今后的日子里，要多写一些群众喜欢看、看得懂的书。1992年，在潮汕历史文化研究中心的帮助下，我在深圳海天出版社出版了《潮汕方言熟语辞典》，首版5 000册，翌年即售罄。此后一版再版，一印再印，不知道翻印了多少万本，而今已一册难求了。在我的研究生的帮助下，这本书的词条还在继续增补，字数已经翻倍，希望在不久的将来能够出版，以飨支持我的父老乡亲。

《潮汕方言熟语辞典》(林伦伦著)

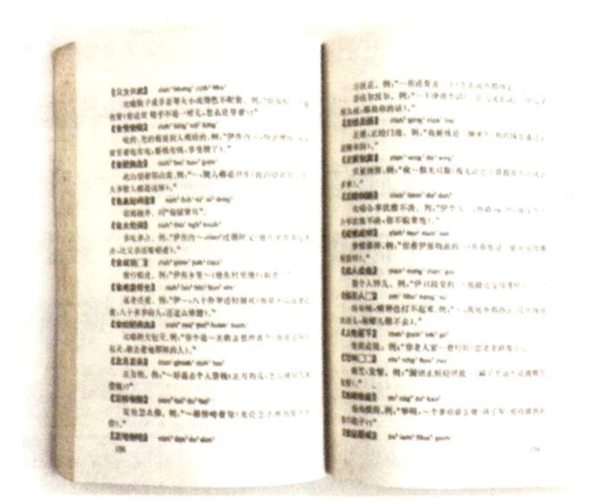
《潮汕方言熟语辞典》内文

第一节　潮汕方言熟语的分类

一、惯用语

熟语，通常包括惯用语、成语、谚语和歇后语四大类。

惯用语，常被称为俗语，就是群众口头常常说的一些比较固定的词组，通常以三个字（或音节）和五个字为主，偶尔也有四个字或五个字以上的。

三字组举例如下：

[无睬衰] 浪费，糟蹋。例："你嘟嘟会写墨字，勿无猜衰撮宣纸呶。"（你能写毛笔字吗？别糟蹋了这些宣纸）

[无切要] 认为无关紧要，不重视。例："万外银伊看作无切要个事。"（一万多块钱他不当一回事）

[着老命] 形容生气之极，要以死相拼。例："伊听着着老命，擎支刀了就出去。"（他一听气坏了，操起一把刀就跑出去了）

[经心事] 出点子，想办法。也作"经心设事"。例："爱做头脑着会经心事。"（想当领导，就要会出点子、想办法）

[合心想] 称心如意。例："只件衫伊看着会合心想。"（这一件衣服很合他的心意）

[扶卵脬] 拍马溜须。例："伊作功课哩唔大事，扶卵脬上强。"（他干活不行，拍马溜须最拿手）

[有度数] 有分寸，有板有眼。例："做事着有度数，孬散来。"（办事情得有个分寸，不能一味胡来）

[有食啵] 谈得拢，关系好。例："阮二人一枝流好有食啵。"（我们俩一向都谈得来）

[知头尾] 关怀备至。例："许阵先我佮伊同单位，伊过知头尾。"（那时我跟他同单位，他很关心我）

[做脚手] 耍手腕，做了手脚。例："撮货个有做脚手个也无？"（这些货是不是做过手脚的）

四字组的举例如下：

[伸无只脚] 比喻没动弹，没干。例："我叫伊一盰，叫了伊伸无只脚。"（我喊了他老半天，他动都没动）

潮州陶瓷之一：菊花篮（工艺师吴庆创作，杨坚平摄）

潮州陶瓷之二：金陵十二钗（陈钟鸣创作，杨坚平摄）

[呾撮无个] 讲些没道理的事儿，讲了也白讲。例："你个在呾撮无个，我怎得有去个伊相辅？"（你讲了也是白讲，我怎么可能去帮他的忙呢）

[呾乞天听] 比喻说话没人听，有理无处诉。例："你个是在呾乞

天听，鬼就去理你。”（你这是向天诉苦，鬼才理睬你）

[定过准星] 很内行，心中有数，不会出差错。例：“伊定过准星，你免烦恼。”（他心里有数，你不用担心他）

[揭蟋蟀尾] 斗蟋蟀时用小树枝挑动蟋蟀的尾部，刺激其互相咬斗，比喻幕后调唆。例：“伊出来哩唔敢，揭蟋蟀尾上强。”（他自己不敢跳出来，幕后调唆最拿手）

[喝大白铁] 吹牛皮，车大炮。例：“你勿听伊在喝大白铁，好马伊来物下看。”（你别听他吹牛，有本事让他亲自来试试）

[老功课底] 看家本领。例：“你今日着出老功课底正有能赢伊。”（你今天得使出看家本领才能够赢他）

[舞无花字] 折腾不出名堂来。例：“伊物着三四年，舞无花字出，倒输掉百进退万银。”（他折腾了三四年，什么名堂也搞不出来，倒是输掉了百把万块）

[硬过铁鐯] 很硬，不易折断。例：“支物硬过铁鐯，拗唔折。”（这玩意儿太硬了，折不断）比喻说话口气硬，没有回旋的余地。例：“你几句话硬过铁鐯，伊听着一肚火。”（你那几句话太冲，把他惹火了）

[帕功劳袋] 比喻归功。例：“你免个我帕功劳袋，你家己知力落着就好。”（用不着你来为我讨功，你自己能勤快点儿就行了）

[倚大抱树] 比喻倚靠有势力的靠山。例：“人人晓去倚大抱树，有清你颠倒来去得助人。”（大家都懂得要找大靠山，只有你反而把人家给得罪了）

五字组的举例如下：

[鸭团跳东司] 鸭子有集体行为特征，前面领头的往茅坑里跳，后面的也跟着跳。比喻人自己没有独立思考，随大流。东司，旧时农村的茅坑。例：“鸭团跳东司，人做呢物我就做呢物。”（随大流吧，人家怎么干我也怎么干）

[别人家神屎] 指女儿，带贬义。例：“别人家神屎，免你来只块插嘴。”（别人家的货，用不着你在这儿多嘴）

[放断后脚筋] 把人的后脚踝上的筋给挑断了，比喻堵住退路或置之死地。例：“我唔知预险险乞伊放断后脚筋。”（我没提防，差点儿让他断了生路）

[放屁安狗心] 狗吃屎，人一拉屎它就高兴，放个屁它以为人就要拉屎了，所以也高兴。比喻口头许愿以搪塞别人。例："伊呾爱分厝乞你么是在放屁安狗心，你想做是。"（他说要分房子给你那是放屁让狗高兴，你以为是真的）

[半路折批担] 挑东西到半道上扁担折了，比喻中年丧偶。批担，扁担。例："中年人上惊半路折批担。"（中年人最怕中途丧偶）

[半夜出阵日] 半夜里出了一阵太阳，比喻某人干了平时不干的事。例："老板呾只个月个人发加百银，真实是半夜出阵日。"（老板说这个月每人多发一百块钱，这真是半夜里出了太阳）

[柴卵假镇定] 把愚笨保守当作镇定。柴，木头的；卵，男阴。例："我看你还是转板好，勿柴卵假镇定。"（我看你还是改弦易辙吧，别把愚笨保守当成镇定）

[痴哥图巴叻] 比喻痴心妄想。巴叻，希望，想要。例："你个是在痴哥图巴叻，怎得有者好事？"（你这是痴心妄想，哪里有这等好事儿）

潮州石雕（林伦伦摄）

[嘴硬尻仓软] 比喻色厉内荏，嘴上讲大话，心中很害怕。尻仓，屁股。例："伊个么是嘴硬尻仓软，真实叫伊去你看伊岂敢？"（他是嘴巴硬骨头软，你真的让他去，看他敢不敢）

五字以上组的，有六字、七字的，尽管字数多了，但还是作词组用，不是句子。例如：

[脚唔着手唔着] 指亲友离得远，帮不上忙。例："走团嫁岂远，脚唔着手唔着，好做呢？"（女儿远嫁他乡，帮忙都没办法，有什么好的）

[目汁流目汁滴] 流眼泪，指哭。例："有事哩猛呾，勿来只块目汁流目汁滴。"（有事赶快说，别只顾流眼泪）

[拧头看唔见尾] 形容个子极小。例："你者个拧头看唔见尾，了就敢骂人！"（你这个小不点儿，居然敢骂人）

[会起头委煞尾] 喜欢挑起事端，但往往收不了场。例："伊个会起头委煞尾，长着人个伊拭尻仓。"（他就会挑起事端，却收不了场，老要别人来帮他打圆场）

[竹篙擎旮旯横] 在小胡同里拿竹竿必须竖着拿，横着拿就会碰到墙壁，比喻蛮不讲理。例："伊竹篙擎旮旯横，你个伊谢怎呢？"（他蛮不讲理，你跟他争辩干吗）

[呾到枝花叠粒蕊] 说得活灵活现，好像真的一样："你勿听伊呾到枝花叠粒蕊，个无影迹个。"（你别听他讲得好像真的一样，都是没影儿的事）

[从暹罗啵到猪槽] 从暹罗（泰国）扯到家里的猪槽，谓谈话没有主题，胡侃一通。例："阿伯从暹罗啵到猪槽，呾一吁还无想爱歇。"（老伯上天入地胡侃一通，都半天了还没想要停下来）

二、成　语

成语，是格式最为固定的四字词组，跟普通话的成语的形式是一样的。成语通常都有固定的词组意义，不能拆开来用。例如：

[眉精目岐] 清秀，精明，眉清目秀。例："伊生来眉精目岐，惊畏娶无嬷？"（他长得清秀、精明，还怕找不到老婆吗）

[无下无落] 毫无结果。例："我百外银寄去了无下无落。"（我寄去了一百多块钱，但没有下文）

[磨夜磨日] 日夜操劳。磨夜，熬夜。例："伊磨夜磨日爱赚加二个钱去相添买厝。"（他日夜加班，就想多赚几个钱凑起来买房子）

[万年斗概] 极言时间之久，"万"不是实数。例："个面盆铜个，

好用万年斗概。”（这脸盆是铜的，千年万年用不坏）

［鼠鬼卵相］ 形容小气，好贪小便宜。例：“伊个人鼠鬼卵相，个钱看作个大铜锣。”（他太小气，一个铜板看成铜锣大）

［生凶暴逼］ 凶神恶煞似的。例：“伊个人心性过孬，生凶暴逼，鬼啰惊伊。”（他的脾气很不好，凶神恶煞似的，谁都怕他）

［凄凉凄景］ 凄凉得很。例：“我看伊一家团凄凉凄景，就乞伊千银。”（我看他们一家凄凉得很，就给了他们一千块钱）

［从规蹈矩］ 规规矩矩。例：“你看阿妹从规蹈矩，无人个你平样除人。”（你看妹妹规规矩矩的，没人像你这样淘气）除人，指小孩淘气缠人。

［寸寸是法］ 指善恶报应，毫厘不爽。例：“天顶有神明，寸寸是法，你勿想呾贪污了就无事。”（苍天在上，善恶有报，你别以为贪污了不会出事）

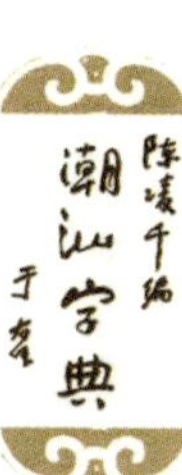

［倨傲鲜腆］ 傲气十足，缺少礼貌。例：“伊强会强，是呾倨傲鲜腆，佮人合唔落。”（他是很有本领，但是傲慢少礼，很难与别人合作）

［经心设事］ 想方设法。例：“撮人二家在经心设事赚家己个钱，公司怎得赚有？”（大家都在想方设法为自己赚钱，公司还哪能赚到钱）

［拣精择白］ 比喻挑挑拣拣，不易满意。也作“选精择白”。例：“你爱就来，勿就歇，勿来只块拣精择白。”（你要嘛就成交，不要嘛就算了，别在这儿挑肥拣瘦）

［阳面正势］ 当面地，光明正大地。例：“你阳面正势挈了去，免惊伊。”（你光明正大地拿走，甭怕他）

三、谚　语

谚语，是能够表示一定完整意思的句子，反映的是群众从生活中提炼出来的经验，其中具有一定的哲理性的，差不多就是格言了，只是形式上比较口语化和质朴。根据谚语所反映的意义内容，可以把谚语分为“生活谚语”、“农业谚语”（农谚）、“渔业谚语”（渔谚）、“气象谚语”、“经济商业谚语”、“医疗保健谚语”、“文化教育谚语”、“戏曲艺术谚语”（戏谚）等等。下文我们分析熟语的文化内涵，就以谚语为例，这里就不赘举了。

四、歇后语

这里所说的歇后语，是狭义的歇后语，即是“说完了前半截的譬喻，稍微歇一歇再说出解释部分”[1]，由“譬”和“解”构成的，上截是“譬”，下截是“解”[2] 的这一种。

歇后语在很早的时候就出现了。唐宋时代就有“钝刀切物——不快意”、“大斧伤人手摩沙——不济事”、“贼被狗咬——说不得”等譬喻。明清小说中的歇后语就更多了，如“春凳折了靠背儿——没有倚了”（《金瓶梅》第六十回），“枯树盘根——动不得了”（《西游记》第三十三回），“仓老鼠向老鸦借粮——守着的没有，飞着的倒有”（《红楼梦》第六十一回），“丈八的灯台——照见人家，照不见自己”。在现代汉语中，歇后语就更丰富了，如“周瑜打黄盖——一个愿打，一个愿挨”，“猪八戒的脊梁——无能之背”，“外甥打灯笼——照旧”，“骑驴看唱本——走着瞧”等等。普通话有歇后语，各地方言中也有自己的歇后语。由于歇后语中一大部分是运用谐音双关的修辞手段造成的，各地的方言语音差别又颇大，特别是南方的闽南方言、粤方言和客家方言。因为歇后语的口语色彩很浓厚，方言中的口语词又往往与普通话词有一定距离，所以方言里的歇后语具有浓郁的方言气息，其使用范围有一定的地域局限性。举几个潮汕话的歇后语例子，我想，不懂潮汕话的人是难以理解的。如：“东司头照小影——臭相”，“老妈宫粽球——食定正知”，“秀才读弦诗——渌渌淖（六六尺）”，“棺材底猫鼠——除死人”。

方言里的歇后语，是方言区域里的劳动人民在长期的学习、生活、劳动中创造出来的，是劳动人民智慧的一种结晶。在方言歇后语中，不但有着丰富的文化内涵，有些还闪烁着哲理的光辉。在方言文学或口语中，恰当地运用歇后语，能使作品或演讲更加生动、活泼，既有形象性，又有艺术性。因此，和方言的其他方面一样，方言的歇后语也具有重要的研究价值。[3]

---

① 何明延．谈歇后语［J］．语文知识，1957（6）．

② 陈望道．修辞学发凡［M］．上海：上海教育出版社，1979. 161.

③ 更多的潮汕方言歇后语知识参见：林伦伦，陈国英．潮汕方言歇后语［M］．汕头：汕头大学出版社，1997.

第二节　潮汕方言谚语的文化内涵

潮汕方言作为民族语言的一种地域分支方言，有着自己丰富多彩的熟语，它们内涵丰富、深厚，用词精练、形象、生动，结构相对固定，且多押韵，朗朗上口，易记易传，为广大群众所喜闻乐见。它们的形成除了一部分来源于对前代文化遗产的继承外，大部分来自人民群众的口头创作，所以它对人民群众的活动、思想及与此有关的客观事物和社会现象的反映就比较直接和全面。高尔基说：“最大的智慧在语言朴素中。谚语和歌谣总是简短的，然而在它们里面却包含着可以写出整部书的思想和感情。”[①] 谚语研究是方言和地方文化研究不可或缺的一项内容。潮汕方言中的谚语，是潮汕人民在千百年来的劳动和生活实践中创造、流传下来的，它既有丰富的文化内涵，在语音音乐美的塑造、语义取譬的事物上又具有鲜明的方言和地方特色。下面就以谚语作为潮汕方言熟语的代表，来探索其深层的文化底蕴及地方特色。

一、潮谚与潮汕地区多雨的气候特点

人们在社会中生活，对他们影响最直接的，莫过于自然生活环境了。春夏秋冬，四时交替，风雨雷电，相伴相生。这一切对于以小农经济为基础的潮汕人民来说，都是影响“家计”的大事，因而他们对气候的观察也就特别细致，并创作了许多反映潮汕地区气候特点和天气预测经验的气象谚语。

（一）反映节气、日期与气候的关系

潮汕地区地处低纬度的沿海地区，属南亚热带海洋性气候，阳光充足，雨水充沛。夏季，受热带洋面的东南季风和赤道洋面的西南季风控制，雨水多，台风也多；春季南北冷暖气流相交而形成的锋面雨也很多。一年中的3月至9月，降雨量达1 100～1 900毫米。在潮汕

① 转引自《民间文学》1955年创刊号第59页。

气象谚语中，反映多雨特点与各个季节、日期的关系的谚语最多。例如：

潮汕民居的一大特色：荷叶田田（林伦伦摄）

［**春蒙雨，冬蒙露**］蒙，蒙烟，即起雾。[①]

［**春寒有雨，冬寒断滴**］断滴，谓无雨。

［**五月龙教团，六月天奔龙**］龙教团，老龙训练小龙；天奔龙，龙在天空中奔游。均指天气多变，阵雨时至。

［**七月初一雷公吼，大小孥团骑马走**］雷公吼，谓打雷；孥团，小孩；骑马走，指大雨将至，急跑避雨。

［**九月雷，猪免槌**］槌，棍棒。谓九月打雷，大雨将至，猪不用人赶自己就跑回窝。

（二）反映动物活动与气候的关系

动物对气候有着本能的反应。潮汕人通过对这种反应的细致入微的观察，总结出一套以此观彼的看天经验，并用谚语来表现它们。例如：

---

① 本文谚语资料，除了笔者自己的调查组所记录内容，还采自陈恩旺《问天事》（北京农业出版社）、余流《潮汕俗谚》（汕头市文联民间文艺研究会油印稿）以及《潮人》、《韩江》、《潮汕乡讯》等书刊报纸，特此鸣谢。

[狗反肚，爱落雨] 反肚，音 [boin^{2}dou^{6}]，意即肚皮朝天；爱落雨，即快要下雨。

[沙蜢飞满天，大雨落唔离] 沙蜢，音 [sua^{1}mên^{1}]，蜻蜓；落唔离，下个不停；离，阳去声。

[天爱落雨蚁先知，鸟囝作窦上树枝] 知，文读为 [di^{1}]；鸟囝，小鸟；作窦，做窝。

[蚂蚁搬家天做病] 天做病，老天要变脸，谓有雨。

（三）反映雨天与天象的关系

气候的变化首先是天象的变化，所谓“观天”就是通过多次反复的实践验证，把某种天象与一定的气候现象结合起来，从而以天象测风雨。潮汕气象谚语中，有不少就是反映雨天与各种天象的关系的。例如：

[乌云飞上山，棕蓑挈来幔] 棕蓑，蓑衣；挈，拿；幔，披上。谓有雨。

[晚虹日头出，早虹雨爱来] 虹，音 [kêng^{6}]（肯$_{\text{阳上}}$）。

[日晕狭，戴葵笠；日晕阔，俥炖钵] 狭，音 [oih^{8}]（鞋$_{\text{阳入}}$）；葵，音 [guêh^{8}]（郭$_{\text{阳入}}$）；阔，宽；俥，音 [sai^{7}]（使$_{\text{阳上}}$），放置；炖钵，一种瓦罐。前句谓无雨，后句谓多雨。

[西畔浮虹，雨落到恨] 虹，潮音 [kêng^{6}]；恨，音 [hêng^{6}]，讨厌，与“虹”押韵。

二、潮谚与潮人的生产经验和经济模式

潮汕地区是滨海平原，其主要产业是农业和渔业。从上古开始，这里便以渔猎和稻作为主要生产活动。在千百年来的劳动实践中，潮人摸索出潮汕农业生产，特别是水稻生产的规律，总结出一套富有特色的耕作经验。就凭着这种朴素而又有效的经验与现代农业科学技术的结合，潮汕人创造出全国第一个水稻年亩产“千斤县”和“吨谷县”。外出支援落后地区的潮汕农业技术员——“潮汕老农”，遍布海南、贵州、云南、湖南、江西等地。很自然地，在潮谚中，农谚占的分量颇重。谚语以其口语性、通俗性的特征把这些宝贵的经验世世代代传下来，以至于目不识丁的老年农民谈起农业经验也能大道理一套

套地往外搬。这些农谚可分为：

（一）反映水稻生产与节气关系的谚语

潮汕地区气候温和，阳光充足，雨水充沛，水稻一年两熟。什么时候播种，什么时候插秧，什么时候收割，季节性十分强。如果有违农时，可能就会减少收成乃至失收。有不少农谚反映的就是这方面的经验。例如：

［惊蛰唔耙地，亲像炊粿漏了气］亲像，好像；粿，米粉末儿做的饼食；炊粿，用蒸笼蒸制米饼。喻耙地违了农时，将影响水稻的播种、发育。

［早田布田脚踏龙眼花，晚田布田脚踏龙眼皮］布田，插秧；早田，早稻；晚田，晚稻；脚，训读为［ka^1］，本字是“骹”。

［早田布谷雨，晚田布处暑］布，布田，即插秧；布谷雨，于谷雨时插秧；布处暑，于处暑时插秧；雨，音“宇”［u^2］，与“暑”［su^2］押韵。

［夏至，稻好试］谓可以开镰收割。

丰收的田野（林伦伦摄）

（二）反映水稻种植技术的谚语

潮汕地区人多地少，农民靠精耕细作克服人多地少带来的困难，以夺取稳产高产，长期以来形成了一套“种田如绣花”的精耕细作的农业耕作技术。例如：

［早田如绣花，晚田如放飞］谓早稻秧苗要慢慢插，因天冷秧苗难回青成活；晚稻可以插快一些，因为天气暖和，秧苗容易成活。

［早田深水养，晚田一巴掌］指早稻要多放水保温，晚稻只需巴掌深的水就够了。

［一担做地，赢过三担饲］ 做地，指施基肥。意即种田放足基肥比以后追施肥料好。

（三）反映渔业生产经验的谚语

从出土的新石器时代的贝丘遗址看来，潮汕的先民很早就进行渔猎生产了。潮人捕鱼、吃鱼的经验十分丰富。韩愈刺潮之初，写过《初南食贻元十八协律》，反映了当时潮汕人民所吃的水产。诗云："鲎实如惠文，骨眼相负行；蚝相粘为山，百十各自生；蒲鱼尾如蛇，口眼不相营；蛤即是虾蟆，同实浪异名；章举马甲柱，斗以怪自呈……"[①] 这鲎、蚝（牡蛎）、蒲鱼（魟鱼）、蛤（青蛙）、章举（章鱼）、马甲柱（江瑶柱）至今仍然是潮人餐桌上的佳肴，由此可见潮人与渔业生产关系之密切。反映这方面内容的谚语叫做渔谚，例如：

［暝昏东，眠起北，赤鬃鱼，鲜薄壳］ 赤鬃鱼，石首鱼的一种；鲜薄壳，一种小指大小的短齿贝，因壳薄而得名；暝昏，傍晚，晚上；眠起，早晨，上午。此指农历六七月间傍晚起东风，早晨吹北风，正好是赤鬃鱼和薄壳贝的当令时节。

［六月乌鱼存个嘴，苦瓜上市鳓鱼肥］ 乌鱼，青鱼；存个嘴，指瘦而无肉。六月的青鱼不当令，而苦瓜上市时，正是鳓鱼当令季节。

［七月初七婆团生，新出"鮢哥"甜过虾］ 鮢哥，一种海鱼；甜，鲜美；婆团生，潮汕民间的一个祭拜小孩保护神"公婆母"的日子，也叫"公婆母生"。指七月初七前后正是"鮢哥"鱼当令时节。

［六月鲫鱼存支刺］ 存支刺，极言其瘦，指不当令。

［上北下东，唔好牵罾］ 上、下分别指上午、下午；北、东分别指北风、东风；罾，音［zang¹］（赃），一种渔网。

三、潮谚与潮人的生活经验和文化心态

独特的社会文化背景培养了潮汕人与外地人不大相同的生活习惯和心态特征[②]。因为语言是人类思维和思想表达的重要工具，在人民群众自己创造出来的谚语中，就一定会打上他们自己对事物不同看法的烙印，从各个方面显示出潮人的生活经验和心态特征。当然，潮人

① 曾楚楠．潮州历代诗选［M］．广州：广东人民出版社，1987. 7～8.

② 余潮仁．试谈潮汕人的心态特征［J］．汕头大学学报（人文社会科学版），1989（4）.

毕竟也是中华民族之一支，因而某些心态特征是带有整个中华民族的共性的。但是，潮汕方言用不同于北方方言的谚语反映了这些心态，因而也在我们的探讨之列。

（一）反映“勤劳为荣，懒惰可耻”心态的谚语

我们常常说中华民族是个“勤劳勇敢”的民族，潮人之勤劳刻苦更是扬名海内外。在潮汕本土，以勤劳为荣、懒惰为耻的社会风气十分浓郁，勤劳致富者众口齐夸，懒惰而贫穷者则为人所不齿。因而，谚语有云：

［力食值，惰食涎］ 力，勤劳；涎，潮音训读为［nua^6］（烂$_{阳上}$），口水。勤劳的人定有收获，懒惰的人只能吃自己的口水。

［铜钱出苦坑］ 金钱是用艰苦的劳动换来的。

［白饭好食田着作］ 即“米饭好吃田要种”，有“不劳动者不得食”的意思。

［惜脚惜手，饿成蛤蚓］ 脚，训读为［ka^1］，本字为“骹”；蛤蚓，小青蛙。不劳动者没收获，所以活该饿肚子。

［惰人屎尿敍］ 敍，音［zoi^7］（齐$_{阳去}$），多。懒惰的人干活时老是假装要去大小便而偷懒。这是讥讽偷懒者的谚语。

（二）反映“崇尚勤俭，贬抑浪费”心态的谚语

潮汕人素以精打细算而闻名。在生产上，他们以精耕细作的经验创造了著名的绣花式农业技术，创造了“吨谷县”奇迹；在商业上，他们常以做精打细算的小本生意起家；在生活上，则表现为勤俭节约、反对奢侈浪费的良好心态。反映这方面内容的谚语很多，如：

［积少成多，唔积全无］ 潮人谓积攒钱为“积钱”，积，音［zêg^4］（叔）。

［天晴着预落雨米］ 比喻年景好时不能大手大脚，要留一点儿积蓄，以防不测。

［宽时物，紧时用］ 平时用不着的东西不要随便丢弃，留着总能派上用场。

［孬做桁，好做桷；孬做屐桃，好做樽塞］ 孬，音［mo^2］（毛$_{阳上}$），不能；桁，屋梁；桷，方条檩子；屐桃，旧指小脚女人穿的木屐；樽

塞，瓶塞。比喻物各有所用，不能暴殄天物。

（三）反映“以和为贵，宁合勿分”的心态谚语

潮汕人的家庭、家乡观念很重。在外地人看来，潮汕人似乎有一股很强的凝聚力。这与潮汕人的传统观念有关，他们宁愿保持家庭的一团和气，哪怕是表面上的勉强维持也比吵吵闹闹好。从积极意义上讲，这养成了潮汕人能忍则忍、平易近人、善于团结的优点；但也养成了遇事迁就、得过且过的保守心态，这就不能不说是弱点了。潮谚中多有反映此种心态者，如：

[家无三分] 意谓一个家庭经三次分家之后，家产就分没了。

[在家听父兄，出门听蚹声] 蚹，音 [bu^{1}]（富$_{阴平}$），蚹螺，一种海螺；蚹声，螺号声，喻指上级号令。

[兄弟一条心，田塗变成金；兄弟唔同心，无钱买灯芯] 塗，泥土。

[一人主张，唔如翁姐参详] 翁姐，音 [ang^{1} zia^{2}]（安者），夫妻；参详，商量。

（四）反映“尊重知识，鄙薄文盲”心态的谚语

潮州在唐代以前已有州学，“自文公未到，则已有文行之士如赵德者，盖风俗之美久矣”①。韩愈刺潮之后，兴学倡文，更使读书之风盛行，至宋代，已有“海滨邹鲁”之誉②。潮人对知书识理者，无不尊称为“先生”，崇敬之情，溢于言表。拆屋卖梁、典衣当物以供子弟上学之事，时有耳闻。即使是在“读书无用”、“三个教书匠，不如一个卖豆浆”的日子里，潮汕父老也不让子女辍学，望子成龙之心、尊重知识之俗，由此可见一斑。正如谚语所云：

[卖田卖地，缴囝学剟字] 缴，供；剟，音 [bag^{4}]（北）。

[乞囝千金，不如教囝读书] 乞，送给。

[读家己书众人惜，博家己钱众人恼] 家己，音 [ga^{1} gi^{7}]（胶几$_{阳去}$），自己；博钱，赌博；博，音 [buah^{8}]（播$_{阳入}$）；惜，疼爱；恼，音 [lou^{2}]（卤），恨。

---

① 苏轼．与吴子野论韩文公庙碑文 [A]．郭伟川．韩愈来潮之前“潮人未知学”辨 [J]．汕头大学学报（人文社会科学版），1990（1）．

② 北宋陈尧佐《送人登第归潮阳》诗有“海滨邹鲁是潮阳”句。潮阳，此处指潮州。参阅曾楚楠《潮州历代诗选》第19页。

［**布唔破，囝委㔶**］㔶，音［ghao⁵］（鹅喉切），聪明能干。此以学裁缝为喻。孩子学艺就像学裁缝一样，舍不得让他裁坏一些布料，就培养不出好裁缝。

（五）反映“提倡忠厚老实，与人为善”心态的谚语

忠厚老实是中国农民的共性，潮人也不例外。潮汕人虽凡事精打细算，以防吃亏，但为一己之私去干损人利己，甚至伤天害理之事者，也为潮人所不齿。谚云：

［**天地补忠厚**］补，裨补，谓帮助、保佑。

［**老实终须在，积恶无久耐**］老实者终有好结果，作恶者好日子长不了。

［**无偷挐，闲啰啰**］没干坏事，心里坦然。平生不做亏心事，半夜敲门心不慌。

［**树正不怕影斜**］比喻只要自己正直忠厚，就不怕别人污蔑中伤。

［**好在刺中行，难免乞刺凿**］刺，带刺儿的灌木丛；凿，刺到。比喻常干坏事者，终究逃不了惩罚。

潮汕人家（“乐善好施”牌匾）（林伦伦摄）

池塘和榕树（林伦伦摄）

（六）反映“讲究义气，重视交情”心态的谚语

潮人多重义气，人情味浓。家里讲究夫妻和睦，尊老爱幼；同事朋友互帮互助，热情慷慨；客人来了，沏上又香又浓的工夫茶，请客

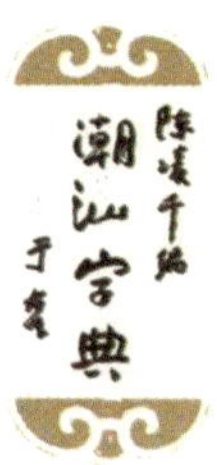

人吃海味佳肴；家中有什么好吃的东西，也不忘给邻居送上一份，让大家一起分享美食；出门在外，大家争着掏腰包，绝不斤斤计较。正因为如此，许多潮人对那些见利忘义、过河拆桥、忘恩负义或吝啬贪婪的小人都十分鄙视，甚至用谚语加以冷嘲热讽。例如：

［行爱好伴，住着好邻］ 着，要。

［人爱长交，数着短结］ 交朋友要长久，账可要及时结。

［买卖算分，相请无论］ 做买卖时一分一厘也要算清楚，但请客时就不计较了。

［肚饱唔训外妈］ 外妈，外祖母。指小时候由外婆抚养，长大却忘了外婆。训，音［bag^{4}］（北）。此谚语入木三分地讽刺了忘恩负义者。

［新人娶入内，媒人撵落溪］ 新人，新娘；内，家里；撵，推。讥讽过河拆桥、忘恩负义者。

（七）反映"重视家教，珍惜婚姻"心态的谚语

潮人稍有文化者都重视家庭教养，谁家的孩子不懂规矩，人们骂的是"无家无教"或指其为"无父无母囝"，实际上骂的是家长而不是孩子。家长们也很注意不让自己的孩子丢人，以免"舍衰"自己（败坏自己名声）。因而家长一般都很重视对孩子的教育，尤其是在待人接物的礼节、人情方面。这从下面的谚语可见一斑：

［前厝人教囝，后厝人囝勢］ 厝，房屋，这里指家庭。勢，音［ghao^{5}］（鹅喉切），聪明，有教养。左邻右舍的家长教育子女，自己的子女也从中得到教育而变得有教养。

［父母严条，囝弟粗枭］ 父母太凶狠，孩子也将变得蛮横。

［父母斗咬，囝弟相捞］ 相捞，打架；捞，音［la^{6}］（拉$_{阳上}$）。父母常打架，孩子也将学会打架斗殴。

［大无好样，细无好相］ 细，指小孩、子女。意谓上梁不正下梁歪。

［父教囝不如先生，母教囝不如大家］ 先生，老师；大家，婆婆，即孩子的奶奶；大，音［da^{2}］（打）。

除了家庭教养，潮汕人对待婚姻问题也十分严肃。虽然，过去缺少恋爱和婚姻的自由，但他们还是尽可能地多方了解、慎重考虑，三

思而后行，以免“一失足成千古恨”。因为潮汕人很重视家庭的和睦相处，不论其理由如何充足，离婚都会被看作是不规矩、没面子的行为。潮谚云：

［生理做输只一时，老婆娶错误一世］生理，生意。

［贪人孬贪田，贪田耽误人］指择偶应重视对象的人品学识，不能贪图对方的家庭富裕。

［猛纺无好纱，猛嫁无好家］猛，快，急急忙忙。

［爱鬃孬爱髻，爱人孬爱货］鬃，发髻；髻，音［guê^{3}］（过）。谈婚论嫁要看人品的好坏，不能看钱财的多少。

［爱母着刻苦，爱翁着落工］母，音［bhou^{2}］（亩），妻子；翁，音［ang^{1}］（安），丈夫；落工，下工夫。指夫妻要互爱，双方都得出力。

四、潮谚与潮汕民俗和民间传说

地方性民俗风情的资料往往存在于当地人民群众的口头中，因而民俗学者在调查民俗资料时很重视对方言词语的调查记录。日本民俗学家井之口章次说：“我们听取民间传承资料多半以方言为媒介，因此，不能不关心方言和语言的问题。”① 另一位民俗学家大藤时彦则说：“语言学与民俗学的关系很深。很多国家把方言的研究纳入民俗学范围之内……由于民俗的采集要通过方言，像苏联的索柯罗夫就主张民俗学者必须是方言学者。”② 潮汕谚语保留了大量的民俗风情资料，可归结为三个方面：

（一）反映潮汕岁时节俗的谚语

［正月初一借红缨］旧时正月初一游神赛会，红缨是一种装饰品，这一天谁家都要用，借不到。现在游神之俗已有所恢复，但“红缨”已少见，不过此谚仍保存。

［五月五，龙船团，满溪橹］橹，潮音［lou^{6}］（卤），划。此谚反映的是端午赛龙舟之俗。

---

① ［日］井之口章次．民俗学入门［M］．北京：中国民间文艺出版社，1988. 117.

② ［日］井之口章次．民俗学入门［M］．北京：中国民间文艺出版社，1988. 106.

潮州花灯

澄海冠山赛大猪（蔡红霞摄）

[五月未食粽，破裘唔敢放] 粽，粽子；裘，音［hiun^{5}］（嗅$_{阳平}$），也叫“棉裘”。潮俗五月初五日端午节吃粽子，此前天气还有可能冷，棉袄尚未敢收藏。

[做鬼爬唔上孤棚] 旧俗七月十五日为盂兰盆节，潮汕各地农村于街头巷尾设“孤棚”供祭品以祀孤魂饿鬼，叫“施孤”。此谚喻人没本事，就是死了做鬼也爬不上“孤棚”吃祭品。

[冬节年到边，家家挲甜圆] 冬节，冬至；甜圆，汤圆，潮俗以冬至为小年，有吃汤圆之俗；挲，音［so^{1}］（梭），用手轻轻地搓。

（二）反映婚丧红白风俗的谚语

［临上轿正来穿耳］ 也作“临上轿正来扎脚”。旧时妇女从小就有戴耳环、裹小脚之俗。姑娘出嫁，男家用轿子来接。此谚指办事没有提前做好准备，临时抱佛脚。

［正月正，新团婿，上客厅］ 团婿，女婿；客，音［kah^{4}］（卡$_{阴入}$）。正月初一和初二，接潮俗女婿都得带妻儿上岳父家拜年。

［双头做斋分无饼］ 旧时死者家里为死者诵经超度，叫“做亡斋”，简称“做斋”，围观者可分到作为祭品的饼。此谚喻凡事想兼顾两头，结果反而两头落空。

［放掉面桃去抢饼］ 面桃，用面粉做的桃形饼食，与饼一样是“做斋”时的供品。此谚的寓意与上例相同。

（三）反映野史资料和民间传说的谚语

［庵埠老爷大细目］ 老爷，神像；“大细目”，比喻人偏心眼。据说潮安县庵埠镇以前有一庙中的神像眼睛一大一小。

［块脾孬过丁成发］ 丁成发是潮州名医，医术高明，但极有个性，脾气不好。潮人说人脾气不好常用此谚。

［齿痛正知齿痛人］ 传说旧时有个官员的妻子曾患过牙痛。一天，她坐轿回娘家，山道崎岖，路途又远。日已过午，轿夫叫饿，要求吃饭休息。官员的妻子从不知道饿的滋味，不肯答应。一轿夫知道她患过牙痛，解释说，肚子饿就像牙痛一样难受，她才答应了。此谚意谓同病才能相怜。

［老训字掠无蟛蜞］ 掠，捕捉；蟛蜞，音［bhê^{5} ki^{5}］（马$_{阳平}$其），生于海滩的一种小螃蟹。传说有个书生因家中贫寒而不得已跟渔民到海边捉蟛蜞，他见大堤上立一有关海禁的官府布告，遂不敢下海，自然也就捉不到蟛蜞。渔民目不识丁，故无视禁令，反而人人满笼而归。此谚后来常用于讥讽拘泥成规、办不成事的书呆子。

五、潮谚与潮人的批判意识和幽默感

批判意识是人的社会意识的一个组成部分。对于社会上的种种不良现象，潮人惯于以谚语的形式，用生动诙谐的语调加以讥讽和批驳，

嬉笑怒骂，自成一格，既富于批判精神，又充满幽默感。

讥讽不自量力者如：

［田螺赶人在跳罾］跳罾，指扳罾捕鱼时鱼在罾网里蹦。田螺当然蹦不了。比喻没有本领的人却跟别人去干自己干不了的事。

［乞食身，阿官嘴］身为乞丐，却不自量力，像官家一样穷讲究吃喝。

［人身猪哥头，赶人赴彩楼］猪哥，配种公猪；彩楼，旧时文学作品中描写权贵家选女婿，多搭彩楼，以抛绣球形式进行，“赴彩楼”指前去参加应选。此谚淋漓尽致地嘲讽了自不量力者的嘴脸。

［委泅溪，怨水有蒒］泅溪，游泳；蒒，音［soi^{1}］（洗$_{阴平}$），一种水藻。比喻不承认自己无能而一味埋怨客观条件不好。

［家己鼻头糊屎，倒嫌通街市臭］家己，自己。比喻不知道自己不好，反而埋怨别人这不好那不好。

讥讽“说活的巨人，行动的矮子”和两面三刀者如：

［嘴响脚扁，无力靠嚷］嘴上喊得山响，实际上干不了事。

［嘴边二片皮，呾直又呾横］呾，讲。指信口胡言，不顾实际。

［神覔鬼覔，畏你支无影迹嘴］覔，音［mui^{3}］（微$_{阴去}$），不怕。天不怕，地不怕，就怕你一张胡说八道的嘴巴。

［嘴甜心内苦，面白心肝乌］面，脸。指口蜜腹剑。

［嘴舌囝甜甜，尻仓后載支弯钩镰］尻仓，屁股；載，音［soih^{4}］（洗$_{阴入}$），插，挂。比喻当面笑脸相迎，背后下绊子。

讥讽不学无术、愚顽不知应变者如：

［摸到鬚头滑，写无个字出］鬚头，胡子；鬚，音［ciu^{1}］（秋）。

［倒种无粒墨水］倒种，拿大顶，比喻没有文化。

［猫书读一肚，唔诩猫娘共猫牯］猫娘，母猫；猫牯，公猫；“诩”，音［bag^{4}］（北）。讽刺读书而不能学以致用者。

［鼻流唔知擤］鼻，鼻涕；擤，音［sang^{3}］（送）。讽刺愚昧不知应变者。

［柴卵假镇定］柴卵，犹北方话“呆鸟”；卵，音［lang^{6}］（浪）。讽刺那些不知应变而视自己的愚顽保守为坚持原则者。

揭露旧官场的黑暗，表示对官场的厌恶者如：

［狗屎好食，官司孬拍］宁吃狗屎，不打官司。

［一字入公门，九牛拖唔出］一惹上官司，就难以脱身。谓官司不好打。

［一世做官三世绝］谓当官的若作恶太多，恶有恶报，将祸及后人。

六、潮谚与潮人的落后思想

人们对客观环境的认识是随着实践的逐步深入而加深的，人们认识世界的主观条件又各有不同，因而对客观环境的认识也不一定相同。大千世界，无奇不有，我们不能苛求每个人的思想观念都是正确的。在主观世界的改造未臻深入，对客观环境的认识也不正确时，落后的，甚至是错误的思想意识的存在是毫不奇怪的。而错误的思想观念像正确的思想一样，也会反映在谚语中，如：

［千斤力唔如四两命］有一种算命的方法以人出生的年月日和时辰算出人的命运重几两，据说四两重者命最好。这是宿命论的观点。

［命是生，诀做加］命运是先天安排好了的，后世的活动改变不了它。这同样也是宿命论的观点。

［龙生一团镇天下，猪生一窦是众牲］窦，窝，音［dao^{3}］（道$_{\text{阴去}}$）；众牲，也作“众生”，畜生。这是血统论的观点。

［天下无不是父母］不是，不对的，没理儿的。意即天下没有不对的父母。这是封建家长制的思想。

［早种树苗早遮荫，早娶新妇早抱孙］新妇，儿媳妇。这是早婚早育的落后思想。

［加个兜团加块田，生无兜团孬见人］兜团，男孩，儿子。这是重男轻女、养儿防老、传宗接代的封建思想。

［教人会，相欺挡］挡，音［koin^{6}］（溪闲切$_{\text{阳上}}$）；欺挡，挑战，竞争。把本领传给别人，将引来别人的竞争。这是一种狭隘的保守观念。

［教拳留后步］留后步，留一手。教武术时要留一手，以防他人超过自己。这也是狭隘的保守观念。

［目前点火目前光］这是得过且过的落后思想。

［有食万事足，眠床半生福］这是贪图饱食足睡、不思进取的享乐思想。

七、潮谚的修辞特色及方言特点

潮汕方言在修辞上的特色，主要表现在对音乐美的塑造和词语的锤炼及取譬事物的特殊性上。潮谚的音乐美，体现在以下两个方面：一是音节整齐匀称，有时还用了格律式的对偶句；二是几乎都押韵。这使得潮谚非常容易上口而且过口不忘。上文所举的例子，都可以作为这一点的例证。潮谚的音乐美带有浓厚的方言特色。我们知道，潮汕方言的音系跟普通话差别较大，潮谚既是潮人的口头创作，其语音外壳当然是潮汕方音，因而其韵脚和普通话有较大的不同。

至于潮谚比喻中取譬的事物，多数形象生动、妙趣横生。如上文中的例子，用"狗反肚"来说明空气湿度很大，连狗都要四脚朝天，让太阳晒晒肚皮。"狗反肚"是一种少见而有趣的现象，所以用它来说明空气湿度大这种天气现象才显得准确、生动、有趣。以"戴葵笠"指出太阳、没雨；以"傳炖钵"指下大雨，形象性都很强，且有话外音之妙。

潮谚的这种形象性和趣味性往往还与地方性结合在一起。这表现为它所取譬的事物往往带有浓郁的地方特色。如"葵笠"、"炖钵"、"鲜薄壳"、"做斋"、"面桃"、"庵埠老爷"、"丁成发"、"工夫茶"、"草粿"等都是南方或只是潮汕才有的人或物。将这些富有地方特色的风物运用于谚语中，增加了谚语的形象性和趣味性，当地人说起来也倍感亲切。

在家门口做粿的妇女们（蔡红霞摄）

谚语的乡土特色虽是我们要研究的内容，但是也不得不指出，地方味儿太浓的东西，会因为外地人无法理解和接受而行之不远，最终只能局限于本方言区域内使用。例如，“生理”不是学科上的生理而是指生意，“鬃”不是马鬃而是妇人头上的发髻，“母”是指妻子，“翁”是指丈夫，“大家”是指婆婆，“囝”是指儿女，“厝”是指房屋、家，“勢”是指聪明能干等。因而，我们认为，整理方言谚语，既要注意保留它的地方特色，又要注意尽量做到让外地人能看懂，甚至可以运用。这样，方言中的谚语也许可以慢慢地进入普通话的词汇中，为丰富现代汉语词汇作出应有的贡献。

游神赛会（蔡红霞摄）

第四章　方言工具书：滋养潮人百年的文化乳汁

如果要我推荐一种最受全世界潮人钟爱的、对潮人文化贡献最大的书籍，我会毫不犹豫地投出一票：“十五音”字典！

我推选的不是一本书，而是指从成稿于清末、正式出版于民国初年的第一本《潮声十五音》，一直到21世纪还在陆续出版的一系列“十五音”字典。我敢说，“十五音”字典是全中国，乃至全世界延续时间最长、出版版本最多、发行量最大、发行范围最广的汉语方言字典，虽然它的编辑出版时间不是汉语方言中最早的。从1913年第一本“十五音”字典正式出版发行至今，它已经历时近百年。据不完全统计，正式出版的各种“十五音”字典大概有30多种，不同出版社重印的版本过百，发行量估计过百万（已经很难精确统计了）！

哪一种汉语方言，能像我们潮人一样如此不绝如缕地钟情于“十五音”字典，一代接一代地延续着它的“香火”？下面这一长串的“十五音”字典名录是笔者个人所见到的：张世珍《潮声十五音》、江

潮州音字典的各种版本

夏懋亭氏《彙集雅俗通十五音》（又名《击木知音》）、蒋儒林《潮语十五音》、陈复繁《潮汕注音字集》、潘载和《潮汕检音字表》和《增订万字本标准潮汕检音字表》、姚弗如《潮声十七音新字彙合璧大全》、刘绎如《新编潮声十八音》和《标准最新潮音检字》、谢益显《增三潮声十五音》、鸣平《改订雅俗通十五音》和《潮汕十五音》、吴锦昌《潮汕音字典》、黄钟鸣《潮汕大字典》、李新魁《新编潮汕方言十八音》、文明辉《潮汕话六十韵：普通话对照》、丁逸民《潮声十八音辞典》、周耀文《潮汕话韵汇：普通话拼音对照》、杨扬发《潮汕十八音字典》……

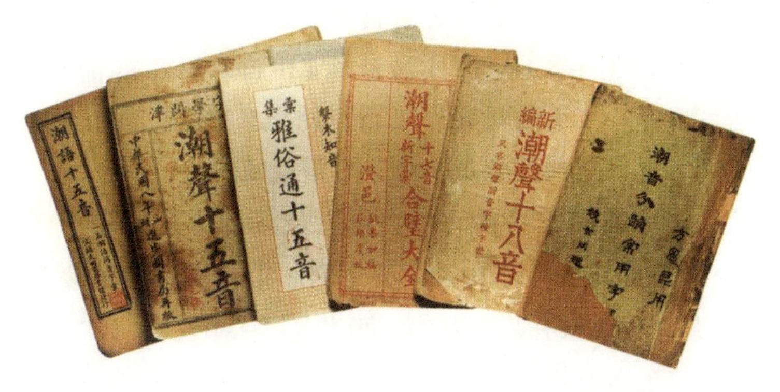

“十五音”字典

近百年来，尤其是从民国时期到文化大革命之前，几乎家家户户都有“十五音”字典。正如《新编潮声十八音》的作者刘绎如在他的自序中所言：“我潮专注字音之书，有所谓‘十五音’者，流传颇广。自繁盛之都市，以致荒僻之农村，凡稍识字者，几于家置一篇，奉为字学之津梁。”潮汕原乡是这样，在南洋各地潮人聚居的地方也是一样；在劈波斩浪的“红头船”上，在漂洋过海谋生的“市篮”中，我们的祖先随身带走的，除了一捧故乡的黄土之外，还有一本本的“十五音”字典！正如新马著名的南洋史研究专家许云樵教授在他的著作《十五音研究》中所记录的：“‘十五音’本为科学化之民间字书，闽潮一带极为普遍，几家喻户晓，莫不备供检索。”“南洋最通行的一种（字书），却是《彙集雅俗通十五音》，商店的账桌旁，略识之乎者的家中，大多有这一本‘万字不求人’的法宝放着。”

“十五音”字典的最大功劳是帮老百姓识字扫盲，只要字表中有一个字是你认识的，你就可以知道其他全部字的读音。因而，“十五音”字典是潮人无师自通、识文断字的拐棍，是滋养潮人百年的文化乳汁。因为有了“十五音”字典，潮人知道了“八声”（8个声调），知道了“十五音”（15个声母），知道了“四十字母”（40个韵母）；因为有了“十五音”字典，潮人懂得了“击木知音”（声韵调拼切字音的方法），懂得了反切之学；因为有了“十五音”字典，潮人懂得了辨别平仄，从而能够读懂唐诗宋词，因此又善于吟诗作赋，蔚成鼎盛文风！

惜乎哉，旧版“十五音”字典今已一书难求，尤其是首版的张世珍《潮声十五音》已难觅踪影；垂髫弱冠，已不识“纷粉奋弗魂混份佛”为何物。2011年8月，我于马来西亚槟榔屿第九届潮学国际研讨会上作《许云樵〈十五音研究〉之研究》学术报告，重新整理书箧中收藏之“十五音”字典，纸黄字眃，心中戚戚焉。

除了上述这类同音字典之外，潮人使用的方言字典，还有模仿《康熙字典》按部首笔画排列文字的字典。第一本便是陈凌千的《潮汕字典》，其发行量也有几十万本。20世纪70年代以前，它在潮汕本土、港澳乃至东南亚均产生了广泛的影响。其后还有按《新华字典》体例编排的多种方言字典出版，发行量大、影响广泛的，有吴华重等的《北京语音潮州方音新字典》、李新魁的《普通话潮汕方言常用字典》和林伦伦的《新编普通话对照潮州音字典》等，20世纪70年代以后，流行的多是这类版本。下文将对其进行介绍，这里就不赘述了。

第一节 “十五音”字典：见字知音的同音字表式字典

一、“十五音”字典的起源和发展

所谓“十五音”字典，其实就是一种把相同读音的字排列在一起的字表。这些同音字表以韵母为部，按部编写；以声母为纬，以声调为经，然后拼切出字音。因为同一格子（页）里都是同音字，所以只要知道其中一个字的读音，其他字的读音便都可以自然习得。它简单易学，可以作为扫盲读本，因而深受老百姓的欢迎。第一本这种字典叫做《潮声十五音》，所以此类字典便被统称为“十五音”字典。

关于潮汕方言的“十五音”字典，我们现在能看到的最早的版本是澄海商人张世珍编写的《字学津梁：潮声十五音》（因后人简称其为《潮声十五音》，本书为免混淆，全部使用这一简称）。关于《潮声十五音》的编辑源流，李新魁先生曾作过比较研究。他在《潮州十五音源流考略》一文中说：“潮州话‘十五音’的编撰，并不是当地的首创，而是有它长远的源流。潮州地区最早的‘十五音’是参照福建漳州的‘十五音’编撰的，因为潮州话和漳州话都属于闽南方言区，语音比较接近，而且地域也相毗邻，所以漳州的‘十五音’对潮州有一定的影响。”[①] 漳州音的“十五音”是漳州秀才谢秀岚编写的《彙集雅俗通十五音》，它改编自黄谦的《彙音妙悟》，《彙音妙悟》则与《戚林八音》有千丝万缕的关系。李新魁先生《潮州十五音源流考略》考证说：“漳州的‘十五音’又是根据泉州的《彙音妙悟》编成的。清嘉庆五年（1800 年），泉州人黄谦根据福州的《戚林八音》编成此书。《戚林八音》也是流行于福建闽北地区的通俗韵书，它是合并明末戚继光所作的《八音字义便览》和林碧山所作的《珠玉同声》而成的。”林氏的书原也是根据戚氏的书改订的，后来合而为一，所以称为《戚林八音》。厦门大学著名语言学家黄典诚先生生前也曾对《戚林八音》、《彙音妙悟》和《彙集雅俗通十五音》的渊源关系有过考证。读者有兴趣的话，可以参阅他的《泉州〈彙音妙悟〉述评》和《漳州十五音述评》[②] 等大作。

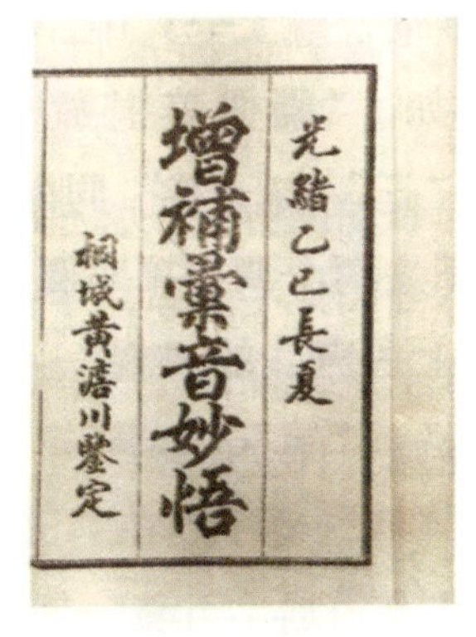

《彙音妙悟》

《戚林八音校注》

① 李新魁．潮州十五音源流考略［J］．韩山师专学报，1985（1）．

② 黄典诚．漳州十五音述评［J］．漳州文史资料，1980（1）．

张世珍的《潮声十五音》在粤东闽语同音字典的编写方面功不可没。但由于编者不是语言学方面的专门人才，所以《潮声十五音》还存在种种有待改善的缺点。之后的字典，便在前者的基础上都有所改进，如对其析音不精、列字不当的错漏进行增益调整等。例如漳州“十五音”是声母［bh］/［m－］、［l－］/［n－］、［gh］/［ng－］不分，而粤东闽语与福建闽南话分道扬镳以后，逐渐分离出来，于是变成了“十八音”。《潮声十五音》之后，有些读者可能懂得语言学的知识，所以便从声母方面作了增益，例如刘声绎的《潮州十七音》、姚弗如的《潮声十七音新字彙合璧大全》、刘绎如的《新编潮声十八音》等。刘绎如在其自序中开章明义地指出：“（我）发觉其中有不少之错误，举其大者厥为所采字母之不足用。十五音之字母，即今之所谓声母，十五音以‘柳边求去地’等十五字为声母，而潮音应有十八声母，方足运用，因此常有将两个不同音之字强合为一音之弊。例如以‘人’与‘阑’列为一音，‘疑’与‘宜’列为一音，‘文’与‘门’列为一音，实足使阅者迷乱，莫能辨别。又十五音将潮音分为四十部首（即四十韵），亦不敷用。”还有谢益显的《增三潮声十五音》。谢益显是黎锦熙先生的弟子，精通音韵之学，所以特别注明是“增三”，即“增加了三个声母”。

列字方面的最大问题，一是鼻化韵字与阴声韵字混淆；二是前后鼻音混淆；三是训读字很多；四是编者的家乡口音不同，会明显影响到这类字典的列字。例如姚弗如是澄海澄城人，其口音无闭口韵尾［－m］/［－b］。在他的《潮声十七音新字彙合璧大全》中，就有了闭口韵尾跟非闭口韵尾混淆的列字。例如。“疆僵姜捐娟坚”与“兼”、“天”与“添”、“颠”与“珍”、“迁”与“签”同列等等。在声调方面，主要的错误是经常把阴去和阳去两个调类搞颠倒了。例如《潮声十五音》列“八音”例字，把“上去声”的“棍”、“告”、“嫁”、“禁”、“计”、“贡”、“剑”、“见”、“镜”、“贵”、“降”、“敬”、“句”、“酵”、“寄”、“监”、“过”、“叫”等字列在“下去声”的位置上。这跟生吞活剥自漳州话的《彙集雅俗通十五音》有关，因为漳州音的去声是没有“上下”（阴阳）之分的。

1979年，中山大学李新魁先生配合他的《普通话潮汕方言常用字典》，在广东人民出版社出版了韵表式的《新编潮汕方言十八音》，在审音归字问题上，以汕头话为代表，对上述旧韵书式字典存在的问题，作了比较彻底的改进。

二、“十五音”字典的分类

“十五音”字典自1913年第一本出版算起，至今已近百年，出版发行的版本（不包括盗版、翻印）大概有30多种，民间还有不少手抄本，保守估计发行数量当在百万册以上。根据编写体例的不同，这些字典还可以粗略地分为三种：

第一种是类似于《广韵》、《集韵》的韵图式字典。像上文所述，把同音字归列于同格（页）之内，在每个字的下方，加以简单的释义或者举例，以解决读者识音不识义的问题，如最早的张世珍的《潮声十五音》和蒋儒林的《潮语十五音》等。例如：《潮声十五音》“君”［-ung］部上平声“边”［b-］母“分”字下释：“分而析之曰~，俗以物与人曰~。”

第二种是同音字表，是对第一种字典的简化，即删去释义和例子等内容。它按字母（韵母）分部，以“十五音”为纬，以“八音”（8个声调）为经，列出表格。同一个格子里的，必是同音字。例如“君”［-ung］部“柳”［l-］母“下平声”列“伦”、“崘”、“沦”、“轮”、“仑”、“纶”、“囵”、“抡”等字。这种字表的功能就是以音求字、以易字学难字。你只要认识“伦”字，其他同一表内的就都跟它同音。它其实就是一个收字比较多的同音字表。这种字表流行较为广泛的是江夏懋亭氏的《彙集雅俗通十五音》（又名《击木知音》）、刘绎如的《新编潮声十八音》（又名《潮声同音字检字表》）等。

第三种是把相同韵母的字归在一起，再以声母和声调区分之，每个同音字以规范字典的要求加以注音、释义、举例。其实就是按新式字典编写，再按旧式“十五音”分部的方法来编排。这类字典出现得较晚，例如杨扬发的《潮汕十八音字典》等。

三、三种发行量大、影响广泛的“十五音”字典

在众多的“十五音”字典版本中，流行最广、影响最大的版本有三种。

（一）张世珍的《潮声十五音》

1. 张世珍其人其书

据文献记载，正式出版的第一本“十五音”字典是民国二年（1913 年）元月由汕头图书报石印社印行的《潮声十五音》，其编者是自署为“饶邑隆都西二区商人”的张世珍。

张世珍（1840—1915 年），今汕头市澄海区莲华镇隆城（俗名“龙眼城”）街道人，民初属饶平县隆都西二区管辖。据张世珍后代张介周、张卓伦的《张世珍及〈潮声十五音〉》[①] 记载，张世珍自幼家境贫寒，少年失学，为家计而入商场谋生。他秉性聪慧，又勤奋好学，逢人求教，文字会计，即能贯通。他 22 岁便随族人远赴泰国从事商船事业，因而过着四海奔波的生活。北至天津烟台，南到新加坡、马来西亚、泰国、越南，他都去过。由于他精通商务会计，最终成为商场翘楚。更难能可贵的是，他走到哪，学到哪，会说闽南语、山东话、粤语，因而对各地语音差异很有体会。估计在此期间，他看到过漳州话的《彙集雅俗通十五音》，因而萌生了编著《潮声十五音》的想法。于是，他就生活中和商场上的常用字，逐一收录，约于光绪三十三年（1907 年）写成《潮声十五音》初稿，宣统元年（1909 年）澄海苏湾居士李世铭为其作序，但直到民国二年（1913 年）是书才由汕头图书报石印社正式出版发行。初版系四卷本，印行 1 000 册，并在其家乡附近的澄海东里镇出售，不出数月即售罄。后改由汕头科学图书馆出版全一册的铅印本，在潮汕各地发行。后来各地书局翻印者甚多，在潮汕原乡和东南亚流行很广。笔者自己收藏的是汕头进步图书局（1919 年）、汕头文明商务书局（1921 年）等翻印版本，原刻版本已经难见真身了。

《潮声十五音》四卷本系 32 开本，有四卷分开装订成四册的，也有四卷合订为一册的。第一卷列“君家高金鸡公姑兼（半）”8 个字母，共 96 页；第二卷列“兼（半）基坚京官皆恭圄”8 个字母（韵母），共 84 页；第三卷列“均居歌光归庚鸠呱江胶”10 个字母，共 92 页；第四卷列“胶娇乖肩扛弓龟柑佳甘瓜薑烧”13 个字母，共 96

---

① 张介周，张卓伦．张世珍及《潮声十五音》［J］．澄海文史资料，1988（2）．

页；加上序言及凡例说明15页，总共383页。

首版《潮声十五音》，澄海张世珍著（民国二年）

二版《潮声十五音》（民国八年）

《潮声十五音》内文

2.《潮声十五音》的音系

《潮声十五音》的“十五音”（15个声母）即“柳边求去地 坡他增入时 英文语出喜”，列出声母表就是①：

① 本文使用《潮州话拼音方案》注音。

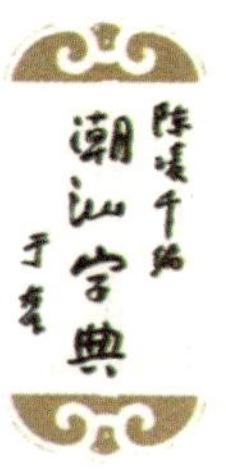

柳［l－］	边［b－］	求［g－］	去［k－］	地［d－］
坡［p－］	他［t－］	增［z－］	入［r－］	时［s－］
英［˙.－］	文［bh－］	语［gh－］	出［c－］	喜［h－］

用现代的辅音发音部位和发音方法排列，这15个声母就是：

唇　音	边［b－］	坡［p－］	文［bh－］	
舌尖音	地［d－］	他［t－］	柳［l－］	
齿尖音	增［z－］	出［c－］	时［s－］	入［r－］
舌根后音	求［g－］	去［k－］	语［gh－］	喜［h－］
零声母	英［˙.－］			

《潮声十五音》卷首列有“字母四十四字”（韵母）如下：

君家高金鸡　公姑兼基坚　京官皆恭囿　均居歌光光

归庚鸠呱江　胶坚娇基乖　肩扛弓龟柑　公佳甘瓜薑　叨啰哖烧

另有一个“四十四字母分八音表”，则删去重复的“光”、“坚”、“基”和“公”4个字母，再加上“叨”部与“皆”部同，“啰”部与“歌”部同，“哖”部与“基”部同，均不列，实际上只有37个字母。编者是知道这个问题的存在的，所以他在书前说明“字母四十四字内‘公基坚光’四字重音”，又‘叨啰哖’三字在‘皆歌基’之内，除此七字外，仅得三十七字”。这37字所代表的韵母分别是：

君［－ung］	家［－ê］	高［－ao］	金［－im］	鸡［－oi］
公［－ong］	姑［－ou］	兼［－iam］	基［－i］	坚［－iang］
京［－ian］	官［－uan］	皆［－ai］	恭［－iong］	囿［－ing］
均［－eng］	居［－e］	歌［－o］	光［－uang］	
归［－ui］	庚［－ên］	鸠［－iu］	呱［－ua］	江［－ang］
胶［－a］	娇［－iao］	乖［－uai］	肩［－oin］	
扛［－ng］	弓［－êng］	龟［－u］	柑［－an］	佳［－ia］
甘［－am］	瓜［－uê］	薑［－iên］	烧［－iê］	

按照现代语音学的方法列表如下：

	基［-i］	龟［-u］
胶［-a］	佳［-ia］	呱［-ua］
歌［-o］		
居［-e］		
家［-ê］	烧［-iê］	瓜［-uê］
皆［-ai］	乖［-uai］	
高［-ao］	娇［-iao］	
鸡［-oi］		
姑［-ou］		
归［-ui］		
鸠［-iu］		
	圌［-ing］	君［-ung］
江［-ang］	坚［-iang］	光［-uang］
公［-ong］	恭［-iong］	
均［-eng］		
弓［-êng］		
	金［-im］	
甘［-am］	兼［-iam］	
柑［-an］	京［-ian］	官［-uan］
庚［-ên］	薑［-iên］	
肩［-oin］		
扛［-ng］		

潮声八音（8 个调类）是“平上去入四声，再分上下，共得八音”。例如：

君（上平）　滚（上上）　□（上去）　骨（上入）
裙（下平）　郡（下上）　棍（下去）　滑（下入）

从上面整理出来的语音系统看，它还不是很完善。

首先是“十五音”不能够代表当时的实际读音。这 15 个声母代表字是根据漳州话的《彙集雅俗通十五音》的“柳边求去地　颇他曾入时　英门语出喜”稍加改造而来的。根据收字的情况看，20 世纪初

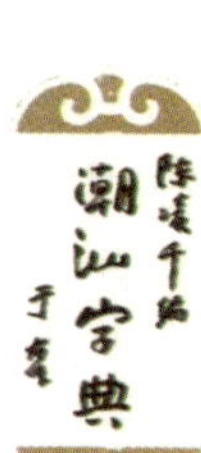

的潮州话已经是18个声母了，[n-]/[l-]、[m-]/[bh-]、[ng-]/[gh-]是已经有区别意义且作用不同的音位了。“十五音”实际上已经不能准确表示潮汕方音，“文”、“柳”、“语”3个字母必须“一分为二”了。这就是此后有不少工具书增补为“十七音”、“十八音”的道理。另外，“十五音”的代表用字，虽然修改了“颇”等不符合潮音实际的用字，但代表[g-]声母的“求”没有改为不送气的“球”[giu]（因为“求”潮语都读为送气音的[kiu]），还是留下了“抄袭”《彙集雅俗通十五音》的蛛丝马迹。

其次，《潮声十五音》所列的37个韵母，远远不能包括当时潮汕方言的韵母，这表现为：①鼻化韵没有都分出来。虽然字母表里已经分出了“柑[-an]、京[-ian]、官[-uan]、庚[-ên]、薑[-iên]、肩[-oin]”6个鼻化韵母，但常见的“圆[-in]”、“横[-uên]”等没有分出来，所以列字多有含混，如“基”[-i]部（韵母）列“天、鲜、稚、鼻、砚、面、棉、弦、舷、燕、扇”等“圆[-in]”韵母字。②分出了鼻化韵母的代表字，但有所混淆，如“归”[-ui]部列“县、跪”[-uin]等字。这种不鼻化与鼻化韵母混淆的现象也可能与老百姓的口语习惯有关。虽然鼻化与否是有辨别意义的作用，但在民间文艺作品，比如歌谣和歌册中，阴声韵母和鼻化韵母字是可以押韵的，例如“姨”和“圆”、“归”和“县”、“沙”和“山”、“加”和“京”、“家”和“耕”，所以这种差别可以忽略不计。其实，张世珍在编著此书的过程中，已经发现了十五音不足以分辨潮语读音的现象，他在《潮声十五音》的前言中说：“其中亦有不能尽叶者，如‘人’与‘阑’同韵，‘妻’与‘鲜’同韵，又如‘箭’与‘至’、‘卢’与‘奴’，又如‘扇’与‘世’、‘老’与‘脑’、‘焕’之与‘泛’、‘傩’之与‘罗’，诸如此类，正复不少。不可得而分之者，故附于同韵之内耳。”其中，“人”与“阑”、“奴”与“卢”、“脑”与“老”、“傩”与“罗”是声母[n-]与[l-]的问题。而“妻”与“鲜”、“箭”与“至”、“世”与“扇”是[-i]与[-in]的问题，也就是阴声韵与相同元音的鼻化韵混淆的问题。可惜以他的语言学知识不能够更加准确地审音分部，把应该分列的字区分出来。

再次，按照传统的拼音习惯，入声都作为调类来处理，所以37字母不能反映出来究竟有多少个入声韵母，我们只能从收字的具体情况来检查。“姑”、“京”、“皆”、“均”、“居”、“娇”、“乖”、“肩”、“扛”、“柑”、“薑”11个字母（韵母）入声“空音不录”，即没有入声韵母字。其余计有26个入声韵母便是[①]：

	基［-i］/［-ih］	龟［-u］/［-uh］
膠［-a］/［-ah］	佳［-ia］/［-iah］	呱［-ua］/［-uah］
歌［-o］/［-oh］		
家［-ê］/［-êh］	烧［-iê］/［-iêh］	瓜［-uê］/［-uêh］
高［-ao］/［-aoh］		
鸡［-oi］/［-oih］		
归［-ui］/［-uih］		
鸠［-iu］/［-iuh］		
	囷［-ing］/［-ig］	君［-ung］/［-ug］
江［-ang］/［-ag］	坚［-iang］/［-iag］	光［-uang］/［-uag］
公［-ong］/［-og］	恭［-iong］/［-iog］	
弓［-êng］/［-êg］		
	金［-im］/［-ib］	
甘［-am］/［-ab］	兼［-iam］/［-iab］	
		官［-uan］/［-uanh］
庚［-ên］/［-ênh］		

37个阴声韵母和26个入声韵母，一共得63个韵母，只能说比较接近当时张世珍家乡口音的实际情况。就现在的澄海莲花镇隆城街道的口音看，有闭口的［-m］/［-b］韵尾，与澄海澄城口音不同，甚至与一江（东里溪）之隔的溪南镇、莲上、莲下镇不同，因为这些地方大部分都没有闭口的［-m］/［-b］韵尾。但也没有像潮州府城一样分出［-iêng］/［-iêg］和［-uêng］/［-uêg］来。如果不考察连读变调的话，这个音系比较接近当时的饶平话，也比较接近现在的汕头话（当时汕头话还没有产生）。

总之，尽管《潮声十五音》还有不少不完善的地方，但作为第一

① 斜杠前面的韵母是与入声韵母相对应的元音韵母和鼻音韵母。

本“十五音”字典，筚路蓝缕之功，还是值得我们今天铭记的。

（二）江夏懋亭氏的《彙集雅俗通十五音》

1. 江夏懋亭氏其人其书

第二本“十五音”字典是1915年出版、署名“江夏懋亭氏”的《彙集雅俗通十五音》，又名《击木知音》，笔者见到的版本有上海宏文书局石印版（1915年）、萃英书局石印版（1916年）、铸记书局石印版（1921年）、鸿章书局石印版（1925年）等。这本书正名太长，很多人只记得它又名《击木知音》。该书当时在香港和南洋各地曾经广泛流行。笔者手头收藏的另一个版本，是1932年由上海大一统书局出版（书前有陈韶九题署“击木知音”四字），汕头中华书局、汕头达文书局、暹京（曼谷）世界书局发行代销的。这个版本还被收入许云樵的《十五音研究》中作为附录，笔者得到的版本注明是香港金强印务公司承印（公司地址为香港士丹顿街205号），可见该书不但在南洋行销，在香港也有印刷销售，或者是全部在香港印刷，再发往南

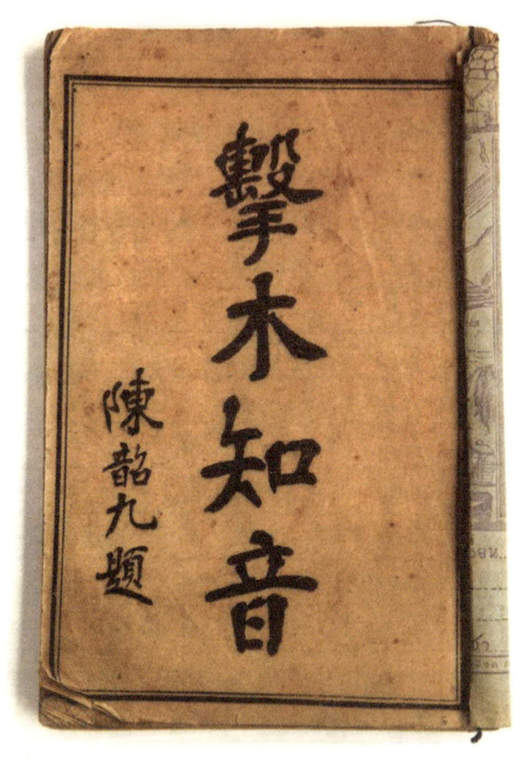

《击木知音》（江夏懋亭氏编著）

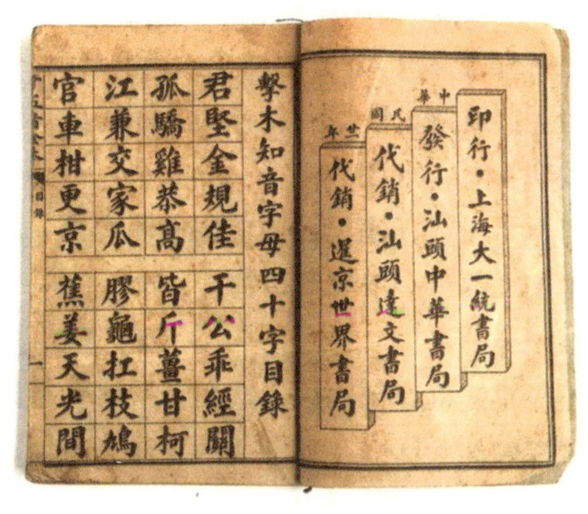

擊木知音字母四十字目錄

君堅金規佳 千公乖經關
孤驕雞恭高 皆斤薑甘柯
江兼交家瓜 膠龜扛枝鳩
官車柑更京 蕉姜天光間

印行・上海大一統書局
發行・汕頭中華書局
代銷・汕頭達文書局
代銷・暹京世界書局

《击木知音》四十字母表

洋销售也未可知（笔者未作考证）。由此可以推断，它是一个在 20 世纪 50 年代以前比较流行的版本。

关于《彙集雅俗通十五音》的作者“江夏懋亭氏”，揭阳文史学者孙淑彦先生《潮州字典考略》[1]作了考证，认为是揭阳人。笔者对这本字典收字的具体情况进行分析，也认同这个判断。（参阅下文）

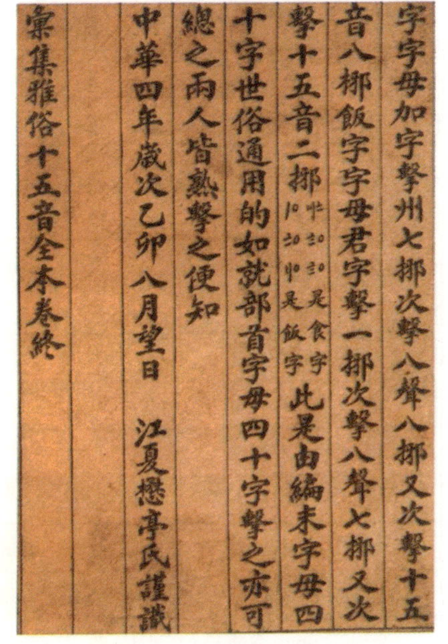
字字母加字擊州七擲次擊八聲八擲又次擊十五
音八擲飯字字母君字擊一擲次擊八聲七擲又次
擊十五音二擲是食字是飯字此是由編末字母四
十字世俗通用的如就部首字母四十字擊之亦可
總之兩人皆熟擊之便知
中華四年歲次乙卯八月望日　江夏懋亭氏謹識

彙集雅俗十五音全本卷終

《击木知音》后记

《彙集雅俗通十五音》的名字与漳州话版的《彙集雅俗通十五音》完全相同，导致东南亚的读者经常混淆这两个版本。潮语版《彙集雅俗通十五音》的版本繁多，绝大部分是 32 开本全一册，凡 84 页；也有小 32 开袖珍本，页数基本不变，只是字号缩小而已，如笔者收藏的铸记书局 1921 年石印版和作为许云樵教授《十五音研究》附录的版本均如是。这个版本流行的原因，一是印行比较早；二是全一册本，而且还是袖珍本，便于携带。

2.《彙集雅俗通十五音》的音系

《彙集雅俗通十五音》的“十五音”声母是“柳边求去地　颇他贞入时　英文语出喜”，这跟《潮声十五音》相比，只有“颇/坡”、“贞/增”这两组的用字不相同，但代表的声母却是完全一样的。这里就不再作分析了。

《彙集雅俗通十五音》的“四十字母”是：

君坚金规佳　干公乖经关　孤骄鸡恭高　皆斤薑甘柯
江兼交家瓜　膠龟扛枝鸠　官车柑更京　蕉姜天光间

根据实际收字的情况，我们可以把这“四十字母”所代表的韵母（包括入声韵母）归纳为：

[1] 孙淑彦．潮州字典考略［N］．汕头日报，1987－02－24.

	枝 [– i/ – ih]	龟 [– u/ – uh]
膠 [– a/ – ah]	佳 [– ia/ – iah]	柯 [– ua/ – uah]
高 [– o/ – ioh]	蕉 [– io/ – ioh]	孤 [– ou/ – ouh]
家 [– ê/ – êh]		瓜 [– uê/ – uêh]
车 [– e]		
交 [– ao/ – aoh]	骄 [– iao/ – iaoh]	
皆 [– ai/ – aih]		乖 [– uai/ – uaih]
鸡 [– oi/ – oih]		
鸠 [– iu/ – iuh]		
规 [– ui/ – uih]		
金 [– im/ – ib]		
甘 [– am/ – ab]	兼 [– iam/ – iab]	
干江 [– ang/ – ag]	坚姜 [– iang/ – iag]	关光 [– uang/ – uag]
公 [– ong/ – og]	恭 [– iong/ – iog]	
斤 [– ing/ – ig]	君 [– ung/ – ug]	
经 [– êng/ – êg]		
扛 [– eng/ – eg]		
	天 [– in]	
柑 [– an]	京 [– ian]	官 [– uan]
薑 [– iên]		
更 [– ên]		
间 [– oin]		

由于“干江”、“坚姜”、“关光”收字合一，少了3个韵母，得37韵。如果加上28个入声韵母，凡65韵。这与《潮声十五音》的音系非常接近。其主要不同在于：第一，从“枝”[– i] 韵母里分出个“天”[– in] 韵母来，这就是上文谈《潮声十五音》的不足时谈到的鼻化音与非鼻化音的区别；第二，“斤”部所列的字代表了《潮声十五音》中的 [– ing]、[– eng] 两类字，反映了作者揭阳口音的特点。

综上所述，笔者认为，要说《彙集雅俗通十五音》是潮州（府城）话，它没有 [– iêng] / [– iang] 和 [– uêng] / [– uang] 的对立；说它是澄海话，它却有闭口韵尾 [– m] / [– b]；说它是汕头话，它又有揭阳话的迹象，如“斤”部“斤”、“申”、“根”、

“跟”、“筋”同音，并与“彬”、“宾”、“轻”、“因”、“新”、“熏”、“勋”、“轩”、“亲”等同韵，与“七”、“一”、“匹”、“得”、“失”、“息”、“必”、“笔”、“乞”、“揭”、“式”、“室”也同韵等。因而，我们只能实事求是地说它是个“有揭阳音特点的潮汕音的大杂烩”。《十五音研究》的作者许云樵教授也发现了这些“十五音”韵书音系之“乱”。所以，他指出：“我希望有经验的语音学者，能将各地方音用科学方法加以研究，最好能将同一系统的方言如潮汕漳泉以及海南岛等地的方音，如赵元任的《现代吴语的研究》一般，将一个大语群，作一个精细的比较研究，作成专书，它的贡献一定很大。如根据这些材料再编作方言韵书，其纽韵即以罗马字或国际音标表示，其成就的价值，一定要比十五音大上数十倍。”

1960 年 9 月，广东省教育行政部门公布的“以汕头音为根据的”《潮州话拼音方案》有韵母 61 个，并说明还有 8 个“有音无字或管字甚少的韵母不列”，《彙集雅俗通十五音》的这个韵母系统与《潮州话拼音方案》的韵母系统比较起来，相对比较接近。林伦伦、陈小枫《广东闽方言语音研究》（1996 年）记汕头话音系韵母 84 个；詹伯慧先生《潮州方言》（1959 年）记潮州（府城）话韵母 76 个；王笑、张晓山等《潮州市方言志简编》（稿本）则还多出 13 个只在口语中使用的韵母；蔡俊明《潮州方言词汇》（1991 年）记揭阳榕城话韵母 85 个；林伦伦《澄海方言研究》（1996 年）记澄海在城话韵母 78 个。由此可见，在“十五音”声母和“四十字母”韵母比较粗放的框架下，是难以科学地描写潮汕方言音系的，因而也很难以某一个版本的“十五音”字典来判断其所列的音系在某个具体方言点的语音面貌。或者说，说某本“十五音”字典代表某个具体的方言点，这肯定是不科学的武断之说。

（三）蒋儒林的《潮语十五音》

发行量比较大、影响比较广泛的第三本“十五音”字典是蒋儒林的《潮语十五音》。

关于蒋儒林，他的籍贯和生平我们无从知道。笔者收藏的《潮语十五音》有 1921 年汕头文明商务书馆版本、1938 年汕头新华书局版本等等。前者的版权页上写“编辑者：武进蒋儒林；校订者：古吴叶文华”，但不知是这编辑和校订者就是江苏人，还是其祖上是从江苏移民来的。作者是南京一带的人也不奇怪，《十五音研究》一书的作者许云樵教授也是江苏人。

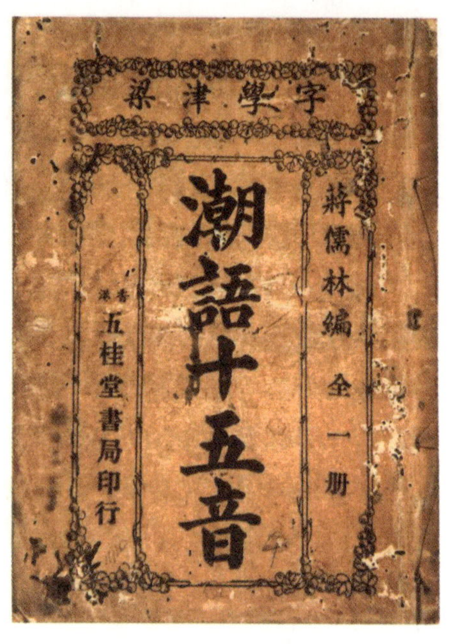

《潮语十五音》（蒋儒林著）

蒋儒林的《潮语十五音》（又名《潮语同音字汇》）发行量大的主要原因是这个版本由于出版时间稍晚，对前面出版的《潮声十五音》和《彙集雅俗通十五音》两部字典作了增补和修订，而且从形式上作了最佳选择：一方面，《潮语十五音》保留了《潮声十五音》每个字头下面的简单解释；另一方面，又采用了《彙集雅俗通十五音》的把同音字同列于一个表格的形式。这样一来，读者检字找音方便，释义学文也不耽误，一举两得，可以说是后出转精，因而受到广大读者的欢迎。

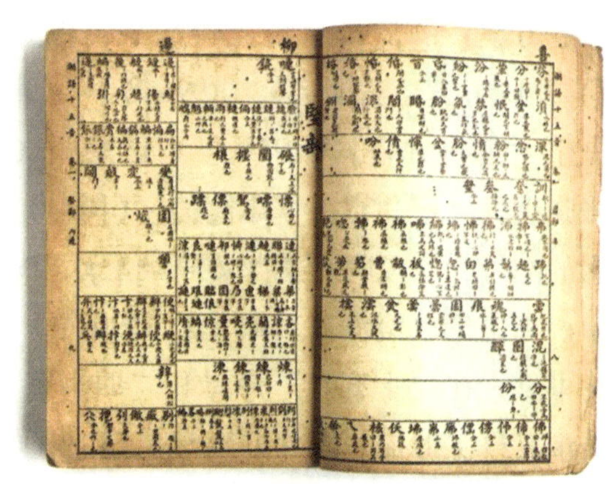
《潮语十五音》内文

《潮语十五音》也是32开四卷本。第一卷列“君坚金归　佳江公乖”8部，共100页；第二卷列“经光孤骄　鸡恭歌皆”8部，共85页；第三卷列“囝薑甘柯兼　交家瓜膠龟”10部，共81页；第四卷列“枝鸠官居柑庚京蕉肩干关姜扛天”14部，共74页。四卷凡40部，共340页。

至于分部列字释义等方面，此版似无太多的改进，就不再赘述了。

四、许云樵的《十五音研究》

关于潮语“十五音”字典，潮汕人中研究它的不多，笔者仅见李新魁、孙淑彦诸先生等寥寥数篇文章。倒是江苏人许云樵先生、福建人马重奇先生多有研究，前者还出版了《十五音研究》的小册子，值得一读。

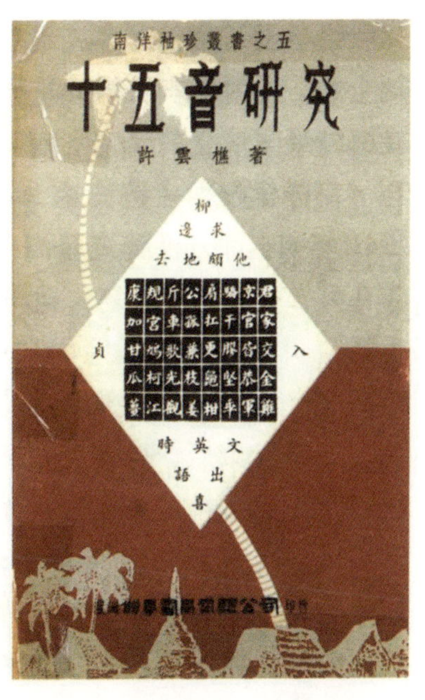

《十五音研究》（许云樵著）

（一）许云樵其人

许云樵（1905—1981 年），原名钰，以字行，号梦飞，别号希夷室主。祖籍不是潮州，而是无锡，清光绪三十一年（1905 年）出生于苏州。父母早故，赖外祖母抚育成人。20 世纪 20 年代先后肄业于苏州东吴大学和上海中国公学大学部，青年时即矢志于南洋史地研究，曾先后在《东方杂志》、《教育杂志》等刊物上发表有关暹罗（泰国的古称）的文章。

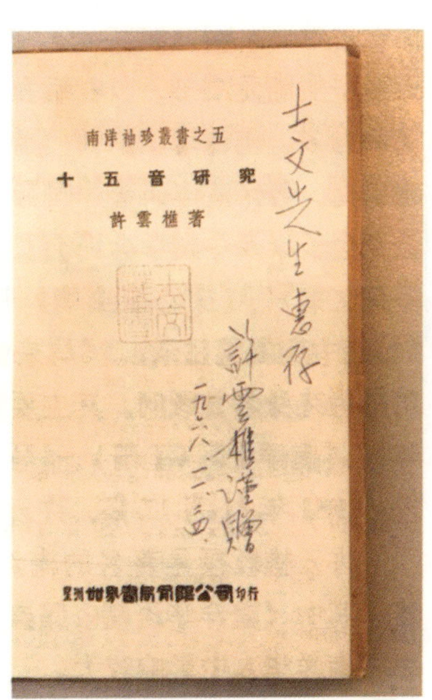

许云樵题签扉页

1931 年，他南渡新加坡，后又转往马来半岛柔佛州的新山宽柔学校担任教务主任。一年后返回新加坡，执教于静芬女子学校。曾在《星洲日报》副刊“南洋文化”版发表《大泥考》。1933 年冬，前往暹罗南部北大年（古称“大泥”）的中华学校主持校务。3 年后，因暹罗政府强迫华侨学校改授暹文，改往曼谷国立商科学院讲授英文。在暹罗期间，潜心研究北大年历史，于 1940 年底撰成《北大年史》一书，纠正中国古籍将北大年与渤泥牵合之误。这是他研究南洋史的代表作。1946 年，此书由新加坡南洋编译所出版，南洋书局有限公司发行。1938 年，他再次回到新加坡，应聘于星洲日报社，与张礼千、姚楠合编《星洲日报》10 周年纪念刊《星洲十年》。1940 年春，

又联络星洲日报社同事关楚璞、郁达夫、张礼千、姚楠以及槟榔屿的刘士木、上海的李长傅等共同发起创办中国南洋学会。这是中国学者在海外最早成立的研究东南亚的学术团体。许云樵为学会理事，任会刊《南洋学报》主编长达18年之久，并撰写中英文论文共60多篇。1941年初，许云樵辞离星洲日报社，转任中正中学高中部教师。1945年9月，马来西亚光复，他与友人合作创办华侨出版社，编印《华侨生活》、《华侨经济》等周刊，并出版《马来亚人民抗日军》等书籍。1946年受聘于南洋书局，主编《南洋杂志》和《马来亚少年》。

1949年以后，他曾为《南洋年鉴》撰写"华侨篇"，约40万字。1957年，许云樵应新加坡南洋大学之聘，任史地系副教授兼南洋研究室主任。他曾于1959年率领该校史地系毕业生赴印度进行旅行考察，回来后著有《天竺散记》一书。6年后，许云樵任满离职，自办东南亚研究所，并出版所刊《东南亚研究》，积极培养新一代学者。1964年，担任新加坡义安学院院长办公室秘书兼史地教授，并负责编辑院刊。1968年退休，时年63岁。1970年春，应新加坡南洋大学校长黄丽松之邀，汇辑《清实录》中有关南洋史料，加以注释并编索引。许云樵平生酷爱图书，节衣缩食购置中外图书3万多册，其中以东南亚文献为多。他曾写出书评《南洋文献叙录长编》。他长期从事南洋史地研究，著作甚丰，蜚声国际，曾被选为英国皇家亚洲学会马来亚分会副会长以及中国学会副会长。他中文功底深厚，擅诗文，有《希夷室诗文集》、《文心雕虫集》等行世。其于中医药也颇有研究，编有《传统中药展览目录》、《马来验方新编》等，新加坡中医学术研究院聘他为终身名誉顾问。其主要著作除《北大年史》外，还有《马来纪年》、《南洋史》（上册）、《马来亚史》（上、下册）、《马来亚近代史》等。1981年11月17日，许云樵病故于新加坡，享年76岁。[①]

许云樵教授是著名的南洋史专家，但也有不少语言学方面的著作，其中《南洋华语俚俗辞典》（1961）、《十五音研究》（1961）两书在南洋华人中影响较大。

（二）许云樵《十五音研究》的学术价值

许云樵教授的《十五音研究》1961年12月由星洲世界书局有限

---

① 本人所得许云樵《十五音研究》一书系澳大利亚麦觉理大学中文系主任康丹（Danie Kane）所赠，特此鸣谢。

公司作为“南洋袖珍丛书之五”出版印行，笔者得到的版本则注明是香港金强印务公司承印，定价也是以港币定的，为一元五角。

是书为小32开异型本（16.5×10cm），凡114页。第1～2页为“南洋袖珍丛书编印缘起”，第3～32页为正文全文，第33～113页为附录“十五音图”，最后一页第114页为“著者对于语言学之其他著作”，这里列出了作者著录的《十五音研究》之外的12种著作，其中包括《华语音韵学》、《南洋华语俚俗辞典》著作两种和《〈戚林八音〉研究》（载《南洋学报》第六卷第二辑）等论文10篇。该书每页23行，每行21字，正文凡14 490字，其实就是一篇论文。这篇论文的最后有一个时间地点的落款，可知论文定稿时间是1940年，而《十五音研究》的出版已经是21年后的1961年了。所以，这篇论文所研究的应该是1940年以前的语言事实。

在许云樵教授的这篇约1.5万字的论文中，有几个问题时至今日仍然具有学术意义，值得我们重视。

（1）这篇论文反映了当时东南亚华人群体复杂的语言生活的现实。不仅涉及语音学的问题，还涉及词汇学的问题。文中说道：“这里所谓的大众语，并非是一种统一的语言，而是南洋各地，来源极庞杂的一大群语词，内中有中国话、马来话、暹罗话、英国话、荷兰话等。”并分五类举例说明：

①中国语词。例如：“唐山”（中国）、“番仔”（土人）、“红毛”（欧美人）、“头家”（店主或富户）、“阿舍”（纨绔子）、“财副”（书记）……

②马来语词。例如：“羔丕”（kopi，咖啡）、“榴莲”（durian，水果名）、“镭”（duit，钱）、“石叻”（selat，海峡）、“都隆”（tolong，相助）、“沙哩”（sari，铅皮）……

③英语语词。例如：“罗厘”（lorry，货车）、“峇士”（buss，载客车）、“杯葛”（boycott，抵制）、“呀囒”（grant，地契）、“士坦”（stamp，邮票）、“菲林”（film，软片）……

④暹罗语词。例如：“泰”（thai）、“铢”（bat，暹币一元）、“达叻”（talat，市场）、“越”（wat，寺）……

⑤其他语词。如印度语的“罗底”（roti，面包）、阿拉伯语的“雪文”（tabun，肥皂）、葡萄牙语的“甲必丹”（captain，首领）、荷

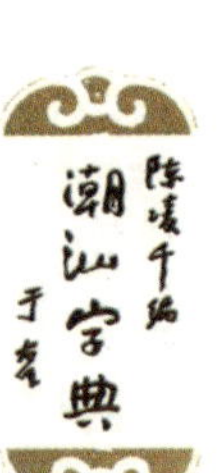

兰语的“盾”（gulden，荷币）。

这种土著语言和外来语言、移民方言混杂使用的现象，确实是当时华人语言生活的真实写照。从中国出去的移民，大部分来自福建和广东，基本上讲的是闽南语。但他们在与当地居民的交往中，必须讲土著语，跟政府官员或者文化高一点的人来往，还要讲英语，所以，只得各种语言和方言混着使用，或者在一句话中夹杂各种语言或方言的词语，语码随意转换（code-switching）。这是南洋华人语言生活的显著特点，直到现在还是这样。对这种现象，新加坡国立大学中文系的李子玲博士多有研究，著述甚多。在此不作赘述。

（2）用现代语音学的知识对传统的同音字表式的“十五音”字典的编排和拼切的方法作了比较科学的解释。他指出：“所谓‘十五音’，就是将漳泉方音的声母分为十五类……又将韵母分作四十部（并用国际音标为它们注了音）。……于是根据四十部首将方音分别列四十表，每表十五行，每行顶上列一声母。每行又分八格，以表上平、上上、上去、上入、下平、下上、下去、下入八个声调。这样每表共得一百二十个不同的音值。凡音值相同的字，都填入同一格内。”

（3）用现代音韵学的知识对十五音所代表的方言的真实情况进行了研究，指出了“十五音”的不足。

①许云樵教授虽然是江苏人，但他已经认识到“十五音”不足以描写漳泉潮汕一带的方音。他说：“十五音的十五个‘音’是否完全能包括漳泉潮汕等地的方音声母，这是我们当先加以检讨的。”“检讨”的结果发现：“漳泉潮汕等地方音，并非都没［n－］、［m－］、［ng－］、［ts－］、［ts’－］等声类，而潮汕一带更为显著，所以后出的潮声十八音，便将‘柳’、‘文’、‘语’三类各析为二。”这就说明，当时潮汕方言的语言事实，是有18个声母，［n－］/［l－］、［m－］/［bh－］、［ng－］/［gh－］是已经有区别意义且作用不同的音位了，“十五音”实际上已经不能准确表示潮汕方音了。

②许云樵教授发现，现实的漳泉潮汕一带还有“更［－ê（n）］、京［－ia（n）］、薑［－io（n）］、姜［－eo（n）］、天［－i（n）］、间［－oi（n）］、官［－ua（n）］、光［－uo（n）］、柑［－a（n）］”9个鼻化韵母。有的“十五音”字典把鼻化韵和非鼻化韵母放在同音字表里，这是析音不精的表现。

③许云樵教授把“十五音”字典里“四十字母”（韵母）包含了入声韵母的道理说明清楚。他指出：“现在闽潮方音，不但阳声（韵）有入，即阴声（韵）的复合元韵也有入声，而且鼻化韵的入声更是或阴或阳地不统一。”

④许云樵教授科学地解释了“十五音”字典的拼切方法及其来源。他认为，虽然中国汉字读音反切的方法可以追溯到很早，但“十五音”字典先韵母、后声母、再声调的拼切方法有自己的特点：“因‘十五音’的拼切，先说韵后说纽的，如‘君柳—纶’（kun – liu lun），‘君边—分’（kun – pian pun）。但这在音韵方面说来，却也含其理：因为先提出一韵，使第二字弃原韵与之相叶，自然得其天籁；所以即使不学无术之辈，也能瞭然。……以一纽一韵拼出的音，虽只一个，但依据声调轻重，却可别八声——所谓上下四声，上即清，下即浊，上亦即阴，下亦即阳。……于是十五音便每行列八格，每格表一声。”他还进一步指出，这种韵、声、调的韵表（同音字表）不是首创，而是根源于数百年前的《切韵指掌图》等等韵学著作。因而他断定：“始创这十五音的，一定是一位聪明而有见识的等韵学家，也许怀才不遇而从横路发展，犹如李汝珍将数十年研究等韵的心得，编在《镜花缘》小说里一样。”

（三）《十五音研究》附录“十五音图”的来历

《十五音研究》从第 33 ~ 113 页附录了一个“十五音图”，书中没有说明是他自己编的，还是采用别人的。但他曾说过，关于通俗字书：“有福州音的《戚林八音》、《正音通俗表》，泉州音的《彙音妙悟》，漳州音的《十五音》，汕头音的《潮声十五音》、《潮语十五音》、《潮声十八音》、《击木知音》……而南洋最通行的一种，却是《彙集雅俗通十五音》。”所以我们有理由猜测他收为附录的就是这本《彙集雅俗通十五音》。《彙集雅俗通十五音》是上文说过的漳州秀才谢秀岚编的。而在接下来的研究中，许云樵教授还说：“所谓‘十五音’，就是将漳泉方音的声母分为十五类……又将韵母分为四十部。”所以有不少人可能误会这个附录，就是代表漳州音的《彙集雅俗通十五音》。但我们通过与《彙集雅俗通十五音》的对照，发现不是这个版本，倒是跟许云樵教授提过的潮语版《彙集雅俗通十五音》（又名《击木知音》，为便于区分，下文均用《击木知音》的名称）的几乎完全一样。笔者用来对照的《击木知音》，是上海大一统书局1933年的版本，由汕头中华书局发行，汕头达文书局和暹京世界书局为本地和南洋的代销商。《击木知音》的书后有个“击木知音法”，说明反切的方法。最后的署名是“中华四年岁次乙卯八月望日，江夏懋亭氏谨识”，说明此书首版于1915年，编者为江夏懋亭氏。因而可以肯定地说，《十五音研究》附录“十五音图”就是潮语版的《彙集雅俗通十五音》（《击木知音》），上文对此书已经作了介绍，读者可以参阅。

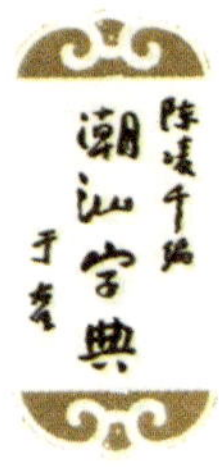

第二节　部首笔画字典：20世纪的当代字典

由于“十五音”字典是模仿古代的韵书，按拼音反切的方法编写的，要使用它就得先学会“十五音”、“四十字母”和“八声”的基础知识，查检起来也有一定的困难。于是，有些作者便依着《康熙字典》的方法来编排字典，按部首笔画编排的潮语字典也就应运而生。这类字典，最早的是1933年汕头育新书社出版的潘载和的《潮汕检音字表》。这部《潮汕检音字表》共分214个部首，收字近8 000个。但它“仅注字音，不列解语”，真正的只是个“检音字表”。它弥补了“十五音”字典在检字上只有拼音反切方法的不足，但由于没有释义，还不能算是严格意义上的“字典”，因而也行之不远，发行量不大。

在潮汕原乡和港澳及东南亚各国的老一辈潮人社区内，使用频率最高的潮音部首笔画字典，是陈凌千编著的《潮汕字典》。

一、陈凌千《潮汕字典》

（一）陈凌千其人其书

《潮汕字典》的作者陈凌千（1905—1957年），又名陈梁奎，字岳先，澄海县澄城人。7岁入学，13岁时高小毕业，后辍学打工，在行市店铺中为人做财会工作。1932年，他与亲友合资在汕头居平路开创育新书社，既销售书籍，又加工、印刷书籍，甚至自编、自绘、自印书籍出售，如《学生新画集》、《字类辨正》、《尺牍小品》等。

正是由于陈凌千对书店业务的熟悉和行情的了解，加上对自己及亲朋好友子女读书情况的了解，他发现，很有必要编写一本大众化的潮音字典，以供潮汕人识字学文、提高文化水平之用。于是，他广阅《康熙字典》及《辞源》等工具书，从中学习编写字典的方法；又深入调查，辨音注音。这项庞大的工程从1931年开始，历时5年，于1935年完成初稿。期间，他日理商务，夜间便伏案著书，呕心沥血，至书稿成时，因积劳成疾，染成二期肺结核，经常失声咯血。

1935年9月，《潮汕字典》由汕头育新书社首版发行，著名学者、书法家、国民党元老、当时的监察院长于右任为其封面题签。当时的潮汕文化教育界及政界名人钟复初、李柏存、周英耀、钟岐、余命三、李源和、钟麟等为该书题词祝贺。此书一面世，便受到读者的热烈追捧，首版发行量即达1.5万册之多。即使是在70多年后的今天，这也是个可观的首版数字。翌年，陈凌千获汕头市政府批准注册，获专著版权。后来，陈凌千另择新址开设广益书局，与上海人在汕头开办的中央书局、新华书局合资再版此书。新版的《潮汕字典》在上海出版后，三分之一数量南运潮汕本土销售，其余三分之二远涉重洋，运往南洋各国潮人聚居地出售。据不完全统计，从1935年初版至1946年，《潮汕字典》初版、再版翻印达17次之多，累计印数近70万册。20世纪50年代中期还曾改为小32开袖珍本，以潮汕编辑社名义再版，由潮汕各地新华书店发行，仍被抢购一空。20世纪90年代初，笔者曾在泰国和香港的中文书店，甚至街边小书摊上，多次见到泰国版和香港版的《潮汕字典》翻印本。而在潮汕原乡的老百姓家中，也多珍藏有这本字典。

可贵的是，陈凌千在字典出版后的10年间仍坚持不断校正、修订字典。至1946年，其修订本已比初版增加约三分之一的篇幅；可惜的是，陈凌千为此也熬成第三期肺结核。此10年间，潮汕沦陷，陈凌千家破人亡，一贫如洗，已无力再版印刷。1957年，陈凌千为此书呕尽心血，52岁便英年早逝了。痛哉，筚路蓝缕的一代英才，过早地离我们而去！

《潮汕字典》（陈凌千著，于右任题签）

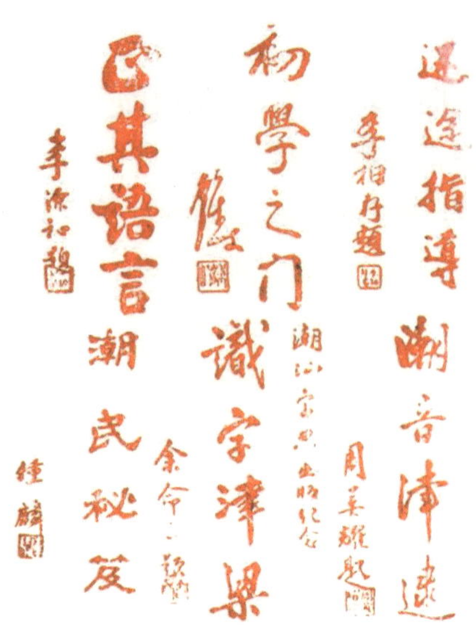

《潮汕字典》书前的时贤贺词

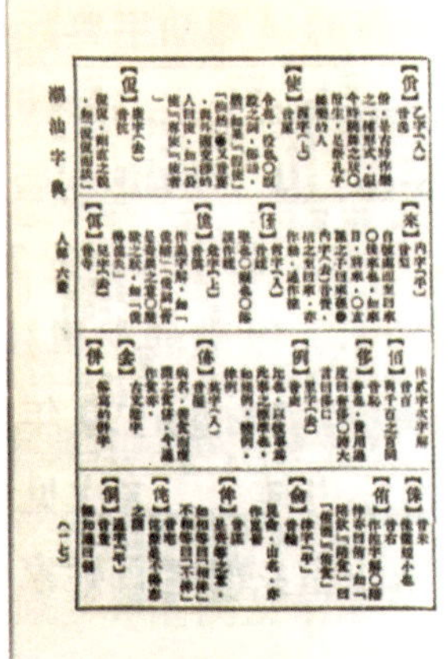

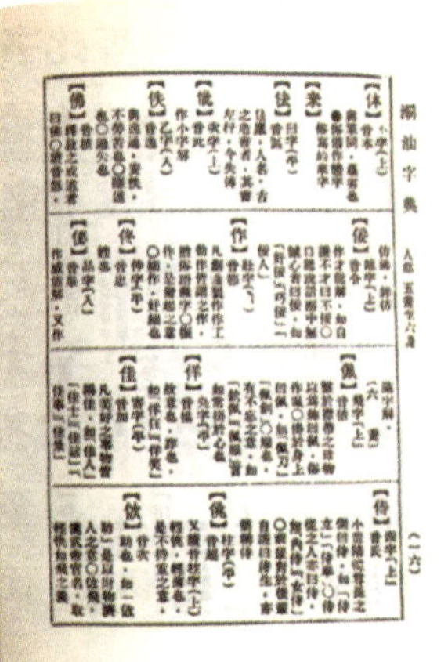

《潮汕字典》内文

（二）《潮汕字典》的特点

如果说，张世珍《潮声十五音》是“十五音”字典的开山之作的话，陈凌千的《潮汕字典》则是部首笔画字典的肇始之作，对潮汕文化教育之功不在张世珍之下。

《潮汕字典》系32开本，笔者手头的版本是1935年汕头育新书社版本，凡582页。《潮汕字典》是模仿《康熙字典》体例而编著的。

全书按《康熙字典》的部首列字，按笔画从少到多排列。作为按部首笔画编排的方言字典的开山之作，它有如下特点：

第一，在收字标准上，以“习见常用”为主，“不拘正俗，专以同行适用为标准”。此书收字“数约一万有余，足供中学以下”读者之需。其实，“中学以上”读者，查检潮音，也常常要用到它。所以，从收字标准和范围来说，它是一本常用字典，篇幅适中，难度也适合一般读者。

第二，在注音方面，此书使用了直音法，即使用同音字直接注字头读音的方法。通常是用通俗易懂的字来注难僻字的读音，如“漪”音“依”、“滹”音“夫”、“漓”音“离”、“滞”音“剃”等。没有同音字的，则采用声韵皆同的字，再加注声调。声调则注“平、上、去、入”，并以圆括号“（）”表示阴调类（上），以方括号“［］”表示阳调类（下）。如“潘，伴（平）”；“潜，签［平］”；“漾，央［上］”；“漫，万（上）”等。以上两种方法都不能注音的字，则使用反切拼音的方法辅助。如“皱，年要切（去）”；“眉，武哀切［平］”；“碍，语哀切［去］”；“端，侏冤切（平）”等。字典中，常常是第一、第二两种方法并用，读者通常都能够查检到标准的潮语读音。

第三，在发现潮语特殊读音方面，《潮汕字典》也多有贡献。例如“丈”字注“音帐字［上］，俗谓姑之夫曰姑丈”；“刀”部“刺”字一音“试”，注“凡以细长之物下戳曰刺”等。

第四，在释义方面，虽参考了《康熙字典》和《辞源》，但没有全盘照搬，而是该繁则繁，该简则简，以读者读懂字义为度。正如该书“编辑大要”所云，“于每一字说明之后，并类举例证，俾初学者易于了解，惟所引用者，大多通俗成语”，对读者了解字义，很有裨益。

此外，值得一提的是，关于调类举例的“纷粉奋弗魂混份佛”8个例字，历经近80年而传诵至今，成为千百万潮人学习潮语拼音，进而学习文化的第一课课文。虽然这8个例字也不是陈凌千的创造，早在19世纪外国传教士编写的英潮对照字典中，已经出现了这8个例字，但传教士的字典因为是用英文版和拉丁文拼写潮汕话，老百姓看不懂，所以行之不远。（参阅下文第三节）

也正因为上述的特点，陈凌千的《潮汕字典》才能够从1935年出版到新中国成立初期长期畅销。而在港澳和东南亚潮人聚居区，至今书肆间还能偶见其身影。

当然，作为一部开山之作，它也有未尽完善之处。笔者没有能够看到陈凌千后来增订的内容，但从初版的书看来，还有如下的不足：

注音方面，一是漏了不少字的常见读音，如“刀”部“利”字“刀之锋锐”义未注“来”[去]音（刀利），“别”字未注“缚”音（别人），“刻”字未注“壳”音（刻印，刻苦刻力），“初”字未注“秋”（初一）音，“分”字未注“本”（平）音（分人物件），“判”字未注“潘”（去）音（判试卷），“加”字未注“家”音（多也，人加）等等。而这些读音，在先此的“十五音”字典中，大都已经列出来了。二是注音字使用不尽规范。陈凌千是澄海澄城人，口音中无[-m]/[-b]韵尾，不少字收闭口与不闭口韵母分不清，字头及其注音字经常混淆。这样，口语中有闭口韵的潮人读之，便不同音，视为错误了。例如上文中“圾”注为“塞”、“人”部的“侵”注音“臣”、“口”部的“唐”注音“谈”、“土”部的“堪”注音“康”、“口”部的“咸”（皆）注音“寒”等等，都是闭口与不闭口相注。

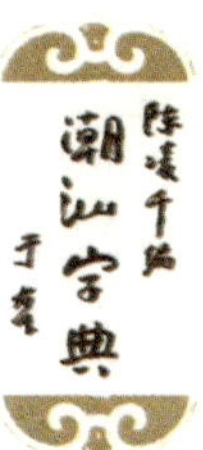

释义方面，主要也是未能尽可能多地挖掘出潮汕方言特有的词义。例如“判”字指“估买”之义项；“割”字专指“购买猪肉”的义项；“加”指“多、众多”的义项（人加，钱加）；“作”字指“耕作”之义（作田）；“分”字指“送给”，或者作被动介词义项（分人个钱，分人拍）；“呼”字音“箍”，专指“呼叫家禽家畜”义项（呼鸡，呼狗）；“情”字音“正”[平]，指“亲戚”义项（亲情）；“恶”字音“窝”（入），指“难以”（潮州话恶学，钱银恶赚）义项等等。

二、吴华重《北京语音潮州方音新字典》

在陈凌千的《潮汕字典》之后，还有吴锦昌的《潮语声形义对码三显字典》（简称《三显字典》，汕头三显出版社，1937年），姚慕韩、姚愈豪的《潮汕大字典》（榕涛出版社，1937年），黄钟鸣的《潮汕大字典》（泰国曼谷出版有限公司，1983年）等先后面世，但发行量有限，影响也不大。20世纪50年代之后，发行量较大、影响较广泛的还是吴华重主编的《北京语音潮州方音新字典》（广东人民出版社，1957 年）和李新魁的《普通话潮汕方言常用字典》（广东人民出版社，1979 年）。

普通话对照 普通话对照

潮州音字典

吴华重《北京语音潮州方音新字典》的再版本

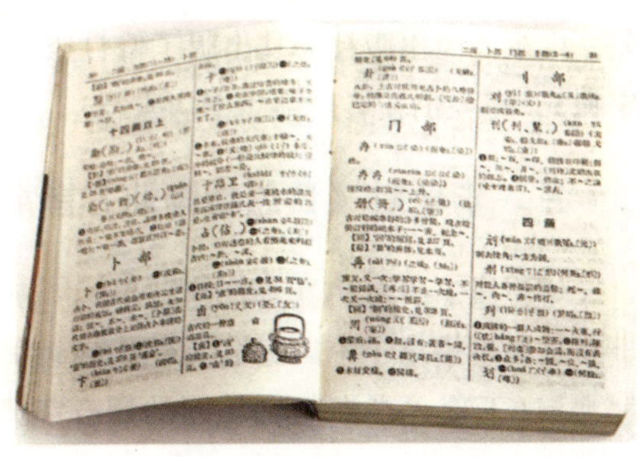

吴华重《北京语音潮州方音新字典》（再版本）内文

吴华重（1913—1975 年），潮州人，字吴知，号任庐、摩印室主。吴华重先生精于文字、篆刻之学。1954 年开始主编《北京语音潮州方音新字典》，1957 年定稿并由广东人民出版社出版。先生还精于篆刻，对秦汉印信潜心研究，深得汉印之要旨，印作深厚古穆、沉稳典雅。晚年以甲骨文入印，外拙内巧，更见功力。他一生执著于篆刻艺术，辑有手拓《任庐篆刻》、《摩印室篆刻》、《印剩》等印谱。2007 年，在他逝世 32 年之后，《吴华重篆刻》由香港心源美术出版社出版。上海复旦大学教授苏乾英和著名诗人、书法家李绛秋都对其给予高度评价，李绛秋先生曾赠联嘉许：“注音嘉后学，刊石乐延年。”对其一生的两大贡献——编著字典和潜心金石作了精辟的概括。

1957 年出版的《北京语音潮州方音新字典》（下称“吴本”）的创新点是用“注音字母”（旧式拼音符号）和汉语拼音加注了普通话

读音，“便于与北京音对照学习普通话”，尤其受学生和青年读者的欢迎。在潮语注音方面，该字典虽然也是采用直音或者反切拼音法，但规定用60个常用字作为声母和韵母（反切上字和下字）的代表字，使反切拼音更加科学和规范。而8个调类的注音，也比《潮汕字典》更胜一筹，他首创用1～8个阿拉伯字母分别代表“阴平、阴上、阴去、阴入，阳平、阳上、阳去、阳入”8个调类（民间也把阴、阳称作“上、下”）的方法。由于有《新华字典》作参考，在释义方面就更加接近当时的时代了。另外，“吴本”还适当收录了潮剧和歌册等民间文艺作品中常用的方言俗字，例如“呾”（[dan^{3}]，说，讲）、“粿”（[guê^{2}]，米粉末儿做的饼食）、“呸”（[puêh^{8}]，谈，说）等。更为可取的是，“吴本”在书后还附录了一个《北京语音音序检字表》和一个《潮州方音音序检字表》。后者其实就是一个潮语同音字表，可以方便原来熟悉“十五音”的读者查检，而前者可能更受青年学生的欢迎。另外，出版社还为本书配了精美的素描插图，更是难得。

总之，“吴本”是新中国成立后的第一本比较完善的潮州音北京音对照字典。一直到文化大革命之前，它在潮汕原乡广泛流行，在港澳和东南亚也有多种改头换面，但换汤不换药的盗版版本印行。1983年，广东人民出版社为其出版了修订版，更名为《普通话对照潮州音字典》，至今仍在各地新华书店发行。

三、李新魁《普通话潮汕方言常用字典》

1979年，文化大革命刚刚结束，国家百废待兴，广东人民出版社非常适时地推出了中山大学李新魁先生编著的《普通话潮汕方言常用字典》（下称“李本”），坊间的潮音字典便多陈列“李本”，成了长销版本。

（一）李新魁其人

李新魁（1935—1997年），广东澄海澄城人。8岁时曾入澄海著名学者黄际遇先生家私塾读书。他聪慧好学，常受塾师赞扬。1950年入澄海中学，常写诗文，并在澄海中学的黑板报发表。1955年中学毕业，考入中山大学中文系。大学期间，对家乡方言产生兴趣，并在黄际遇先生哲嗣黄家教先生的指导下开展调查研究。1956年大二时撰成

李新魁先生（摄于1985年）

《潮州话研究》；1957年大三时与人合作写成《潮州人学习普通话手册》，并于翌年正式出版，同时开始发表方言学方面的论文。在此期间，他开始师从中山大学著名学者方孝岳先生学习音韵学和语音史，甚得方先生看重，方先生曾在其习作上批曰：“这样的学习基础和钻研精神，又能发现问题，读书得间，在音韵史方面，将来必能有所贡献。”由是，李新魁先生把研究方向微调为汉语音韵学。1959年大学毕业前夕，即撰成《〈韵镜〉校证》专著初稿，1960年撰成《普通话语音史》初稿。改革开放以后，他著作等身，成就卓著，出版的著作计有《古音概说》（广东人民出版社，1990年）、《〈韵镜〉校证》（中华书局，1982年）、《〈中原音韵〉音系研究》（中州书画社，1983年）、《汉语等韵学》（中华书局，1983年）、《汉语音韵学》（北京出版社，1986年）、《中古音》（商务印书馆，1991年）、《潮汕方言词考释》（与林伦伦合著，广东人民出版社，1992年）、《韵学古籍述要》（与麦耘合著，陕西人民出版社，1993年）、《广东的方言》（广东人民出版社，1994年）、《广州方言研究》（与黄家教等合著，广东人民出版社，1995年）等。在此期间，他还有大量论文发表，其中在音韵学界和汉语方言学界影响重大者有《上古音“晓匣”归“见溪群”说》（载《学术研究》1963年第2期）、《论上古音“之”部及其发展》（载《广东社会科学》1991年第3期）、《论〈切韵〉系统中床禅的分合》（载《中山大学学报》1991 年第 4 期）、《重纽研究》（载《语言研究》1984 年第 7 期）等。因为对音韵学造诣高深，他对潮汕方言的研究也有很多新发现，发表在《潮学研究》第一、二期上的《潮音证古》两篇论文是其代表作。当然，令其在潮汕驰名的，还是他的《普通话潮汕方言常用字典》。

（二）《普通话潮汕方言常用字典》的特点

《普通话潮汕方言常用字典》出版于 1979 年，离“吴本”有 20 多年，离《潮汕字典》的出版时间 1935 年也是长达 40 多年了，其间更是经历了政权更替、观念更新，所以，该书不少地方作了改进。

首先，在注音方面，“广东省教育行政部门”（相当于现在的教育厅）1960 年已经公布了《潮州话拼音方案》。这个方案是模仿《普通话拼音方案》，根据潮汕方言的实际情况编制出来的。李新魁先生就是参与编制的主创人员之一，对方案非常熟悉，应用起来得心应手。由于《潮州话拼音方案》与《普通话拼音方案》相近，青年学生学起来比较容易上手，所以大受欢迎。同时，“李本”还保留直音和拼切的汉字注音方法，因而，中老年读者也能接受。此书还有一个特点就是，首次把汕头话作为注音的基本代表点，并加注各地不同的读音。此前的各种字典，代表点的意识不强，大部分字典都是大潮汕的笼统注音，而且又带有编写者自己的口音特点，把汕头话作为注音的基本代表点，可以说是一大进步。

《普通话潮汕方言常用字典》（李新魁著）

其次，“李本”首次采用“书”、“话”字样来区别每个字头的文读音（读书音）和白读音（说话音），并以“俗”字来表示跟古音对应规律不相符合的读音，让读者知道这是个习非成是的“俗读音”（其实就是误读音）。这种方法有利于读者辨别字音的正确与否（“十五音”字典中大量存在训读字和俗读字），对潮语读音的规范化起到很大的作用。

最后，李新魁先生是音韵学家，对每个字的潮音和古音的对应规律十分熟悉，审音精准，且能注出不少此前的字典注不出来的读音。他熟读古典文献，可以说如数家珍。所以，对于方言的音义多有发现。例如“姐”，潮音 zia^{2}（者），妻子，翁姐（夫妻）；“主”，量词，一主人（一个人）；“冻”，发抖；“厚”，浓（茶厚），多（虫厚）等。

四、林伦伦《新编普通话对照潮州音字典》

1995 年，在李新魁先生的《普通话潮汕方言常用字典》（即前文所说的“李本”）出版 15 年之后，他的学生林伦伦主编的《新编普通话对照潮州音字典》于 1995 年由汕头大学出版社出版发行。

《普通话潮汕方言常用字典》出版的时候中国刚刚从文化大革命中走出来，《普通话潮汕方言常用字典》字头释义的依据主要还是来自于文化大革命期间的《新华字典》，有很多错误甚至荒唐的释文，例如：

［反］反对，反抗：反帝反修……（“李本”p. 28）

［禀］旧社会宣扬的所谓生成的：禀性，禀赋。（“李本”p. 45）

［佣］受剥削阶级雇用：佣工。（“李本”p. 90）

［俸］旧时称官员等所得的薪金，实际上，这是取自劳动人民的血汗……（“李本”p. 96）

［君］君子，在我国奴隶社会和封建社会中，所谓君子，往往是指统治阶级和他们的代言人。（“李本”p. 117）

［契］契约，指社会买卖房地产等所立的文书。过去剥削阶级以此维护其私有权，作为剥削压迫劳动人民的所谓合法凭证。（“李本”p. 264）

《新编普通话对照潮州音字典》封面

［施］施舍，旧时指给予而不取代价，多是有钱人家的伪善行为。

（“李本”p. 361）

［谱］家谱，封建家族记载本族世系的表册，某些人常用以进行族权统治。（“李本”p. 369）

［贞］旧礼教中束缚女子的一种反动道德观念，指女子不改嫁等：贞女。（“李本”p. 588）

［轿］轿子，旧式交通工具，由人抬着走，多为剥削者所乘坐。（“李本”p. 416）

［牧］牧师，基督教的教士，管理教堂及礼拜等事务，帝国主义者常利用他们搞侵略活动。（“李本”p. 448）

［窈］窈窕，旧社会形容女子体态好看。（“李本”p. 474）

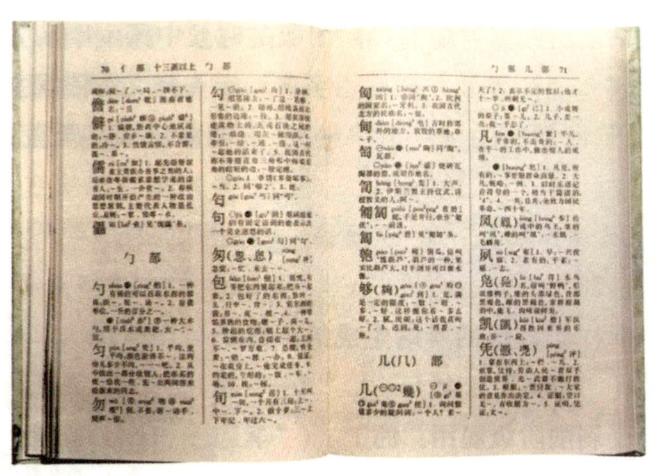

《新编普通话对照潮州音字典》内文

诸如此类的释文，到了20世纪90年代，已经很不合时宜了。另外，从1978年以来，潮汕方言的研究又掀起了高潮，这10多年间，出版著作10多种，发表论文过百篇，重要的著作如李新魁、林伦伦的《潮汕方言词考释》（广东人民出版社，1992年），李新魁的《广东的方言》（广东人民出版社，1994年），林伦伦的《潮汕方言与文化研究》（汕头大学出版社，1991年），《潮汕方言熟语辞典》（海天出版社，1993年）等，发表的重要论文有李新魁的《潮音证古》（声母篇）和《潮音证古》（韵母篇）（载《潮学研究》第1～2辑），林伦伦的《潮汕方言声母与中古音声母的比较研究》、《潮汕方言韵母与中古音韵母的比较研究》（载《潮学研究》第1～2辑）等等。这些成果显示，旧字典确实需要改进了。但由于需要修订补充的篇幅太大，挖补修订已经不可能，所以只好另起炉灶。潮汕方言字典主要可在两个方面进行改进：一是对收字的范围重新取舍，如《新华字典》中一些表示北方地名的僻字可以淘汰，而潮剧、潮州歌册、潮州歌谣等民间文学作品中，茶楼酒肆、海鲜排挡、农贸市场中常常使用的一些方言俗字，应该尽量收录；被考证出来的潮汕方言的本字，虽然生僻一些，但也应该收录进来。二是注音，当时学界对潮汕方言与古音的研究成果突出，通过与古音的对应，可推理出注音，而这是旧字典所没有收注的。至于词义的解释，就更是需要与时俱进的了。

于是，林伦伦带领揭阳江灿坤等几位中学语文教师和 10 多位硕士研究生奋战了约两年，终于编出了《新编普通话对照潮州音字典》，并于 1995 年由汕头大学出版社出版。

林伦伦《新编普通话对照潮州音字典》的各种版本

《新编普通话对照潮州音字典》与此前的潮音字典比较起来，有如下的改进：

第一，收录了一些考证出来的本字和常用的方言俗字，本字如“骹”（［ka^1］，“脚”的本字）、“痀”（［gu^1］，腰痀：驼背）、“暍”（［hiah^4］，暍着暑：中暑）、“猜”（［siao^2］，疯狂，猜狗：疯狗）、“齙”（［bha^3］，齙牙，门牙大而长）、“瘖”（［sang^2］，瘦）、“圿”（［goih^4］，垢圿：人身上的污垢）、“痞”（［pai^2］，不肖，不听话，痞子：流氓，刺儿头）、“勢”（［ghao^5］，聪明能干）、“捌”（［bag^4］，认识、懂），等等。方言俗字如“呾”（［dan^3］，说、讲）、“啵”（［puêh^8］，谈，说）、“孬”（［bhoi^6］，不会、不肯）、“孬”（［mo^2］，不好、不行），等等。

第二，补充了很多新的读音和义项。例如“牙”，音［nga^5］，牙痕；“凝”，音［ngang^{5}］，寒冷，又音［geng^{5}］，指凝结；“停”，音［dêng^{5}］，居停：留居；“光”，白读为［geng^{1}］，光滑、光亮；“饮”，白读为［am^{2}］，饮糜：米汤；“潘”，白读为［pung^{1}］，洗米水；“下”，音［gê^{6}］，低矮；“盲”，音［mên^{5}］，青盲：眼瞎；“枯”，音［kou^{1}］，榨油后的花生或者茶籽渣，如豆枯、茶枯等等。

第三，一些从文献资料新考证出来的本字或者古语词，加上一个文献书证，说明该字（词）属于古语词。例如“头”，做连词用：头……头……表示一边……一边……“下”，音［gê^{6}］，低矮：天高地下；“长”，家长：旧时指商铺的经理；“卵”，音［lang^{6}］，指男阴；“清”，音［cing^{3}］，寒冷；“倩”，音［ciah^{4}］，请人（帮忙）；“治”，音［tai^{5}］，宰杀；“割”，专指买猪肉；“着”，音［dioh^{8}］，对；“合”，音［gah^{4}］，介词，跟，与；“分”，白读为［bung^{1}］，施予；“加”，白读为［gê^{1}］，以上种种义项，都有古代文献为证。

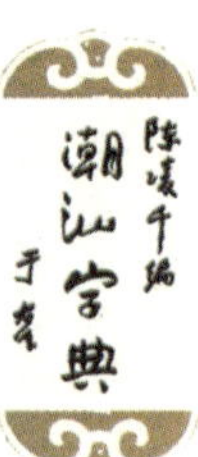

第四，从检字方面，书前有部首笔画索引，书后有潮汕话拼音索引和普通话拼音索引（1997 年再版时为方便外地读者查检而增加的），可供不同读者选择，大大地方便了读者。

第三节　英潮对照字典：19 世纪传教士编著的字典

一、传教士编著英文版潮音字典简介

19 世纪中叶至后期，到粤东传播基督福音的一批又一批传教士们为了掌握与教民直接交流的语言工具，努力学习粤东地区的主要方言——潮汕方言。他们一边学单词、做卡片，一边编词典；自己学会之后还编撰口语教材，以供后来者学习。这样的工具书和教材有不少，这十多年来，我们发现了近十种。因为本章节的内容只是研究工具书，下面仅介绍其中几种字（词）典。

（一）*A Chinese and English Vocabulary in the Tie－chiu Dialect*

此书中译名为《英汉潮州方言词汇》，1847 年首版于曼谷，1883 年由 Josiah Goddard 改编，美国长老会（American Presbyterian Mission）

印行第二版。据李竹青、李如龙《潮州方言语音的演变》一文报道，第二版现藏于哈佛大学图书馆，全书 248 页，正文 174 页，其余为索引。[1] Josiah Goddard 中文名高德，曾翻译《圣经》在中国出版，是著名的传教士。

（二）*Pronouncing and Defining Dictionary of the Swatow Dialect*

此书中译名为《汕头话注音释义字典》，作者是汕头美国浸信会（the American Baptist Mission at Swatow）的 A. M. Fielde（菲尔德女士），1883 年由美国长老会（American Presbyterian Mission）出版。此书 32 开本，凡 631 页，正文 617 页，按音节和声调排列，书前 14 页为字典使用说明。全书收录汉字 5 442 个（据该字典前言），并收录罗马拼音注音和英文释义。前言中感谢的人有 William Ashmore，说明作者 A. M. Fielde 和《汕头话口语语法基础教程》的作者 William Ashmore（威廉·耶士摩）是汕头美国浸信会的同事。[2] 威廉·耶士摩是美国浸信会牧师，曾于 19 世纪 50 年代中期到汕头一带传教。胡卫清博士《近代潮汕地区基督教传播初探》一文中援引教会文献称："1858 年，美国浸信会教士耶士摩（William Ashmore）从暹罗转香港，复从香港到汕头。"对于 A. M. Fielde，汕头档案馆关于美国浸信会的相关文献称其为"斐姑娘"，记载资料颇为丰富。

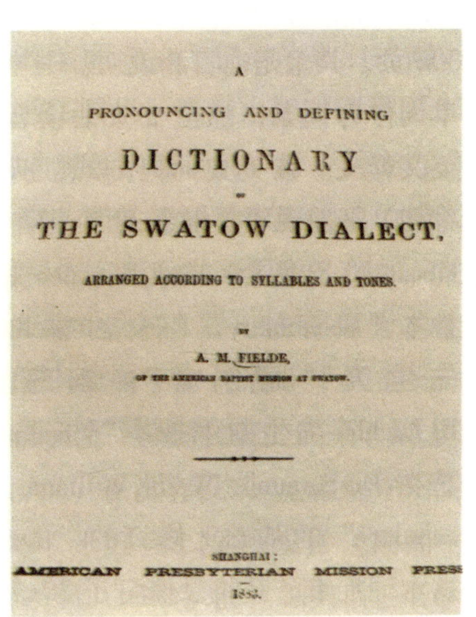

A
PRONOUNCING AND DEFINING
DICTIONARY
OF
THE SWATOW DIALECT,
ARRANGED ACCORDING TO SYLLABLES AND TONES.
BY
A. M. FIELDE,
OF THE AMERICAN BAPTIST MISSION AT SWATOW.

SHANGHAI:
AMERICAN PRESBYTERIAN MISSION PRESS
1883.

外国传教士编著的英潮对照字典之一

① 李竹青，李如龙．潮州方言语音的演变［A］．郑良树．潮州学国际研讨会论文集［M］．广州：暨南大学出版社，1994.

② 林伦伦．从《汕头话口语语法基础教程》看 120 年前的潮州话音系［J］．语言科学．2005（2）．

（三）*English – Chinese Vocabulary of the Vernacular or Spoken Language of Swatow*

此书中译名为《英汉汕头方言口语词汇》，1883 年由汕头英国长老会（Swatow English Presbyterian Mission）出版。此书也是 32 开本，全书 306 页，正文 302 页，其余是前言和说明。书中以英文单词作为词条，加注汕头话读音，再用英文释义。按英文词典方式，从 A 至 Z 排列。书前说明是根据 30 年前香港 Basel Mission（巴色会）的 R. Lechler 先生的手抄本“Vocabulary”（前言中称 R. Lechler 先生为“原作者”）编写的，而 R. Lechler 先生的手抄本“Vocabulary”又是在 Dr. Samuel. Wells Williams 的“Vocabulary”的基础上修订的。由此可见，这本词汇集已经收录修订了 30 多年。前言中提到的这几位都是大名鼎鼎的传教士。R. Lechler 中文名黎力基，1846 年进入中国传教，1848 年进入潮州，1852 年离开粤东，是在粤东传教的先驱之一；William Duffus 中文名卓为廉，1869 年进入汕头传教[①]；而 Samuel. Wells Williams 中文名卫三畏（1812—1884 年），编著有《简易汉语教程》、《汉语拼音字典》和《英华韵府历阶》等汉语教材，是著名的传教士，也是早期的外国汉语教学专家。[②]

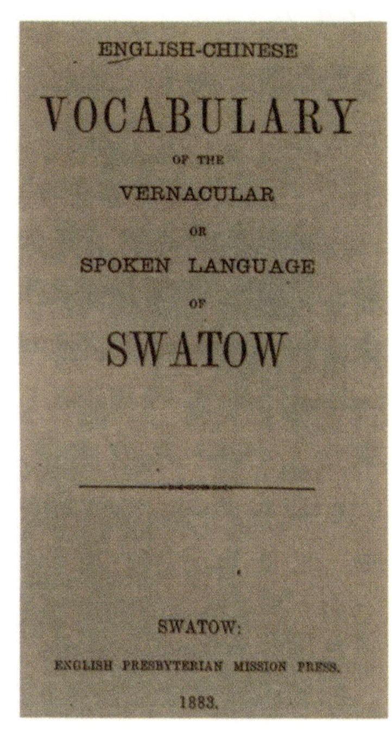
ENGLISH-CHINESE
VOCABULARY
OF THE
VERNACULAR
OR
SPOKEN LANGUAGE
OF
SWATOW

SWATOW:
ENGLISH PRESBYTERIAN MISSION PRESS.
1883.

外国传教士编著的英潮对照字典之二

二、传教士编著英文版潮音字典的价值

（一）开创英汉对照方言词典编写的先河

这些工具书的编著者通常都受过高等教育，文化水平较高，在英美都接触过英文词典，所以他们编著的字典通常都用拉丁文注音，以

① 胡卫青．近代潮汕地区基督教传播初探［J］．潮学研究（第 9 辑），2001（5）：148～174．
② 张西平．西方早期汉语学习史的研究初论［J］．海外华文教育，2001（12）．

英文释义（或直接对照），按拉丁字母排序。《汕头话注音释义字典》虽然有汉字字头，但还是以韵母的第一个字母，按 A 至 Z 的序列排序，同一韵母之内再按照汕头话声母和声调排列。这是比较规范的同音字典，开了英汉对照方言字典的先河。上文我们已经讲过，本地人编撰的粤东闽语方言工具书，最早的是张世珍的《潮声十五音》，1913 年由汕头图书报石印社印行。这本《潮声十五音》是在漳州腔的《彙集雅俗通十五音》的基础上仿照改编而成的，它走的是旧式韵书的路子。而外国的传教士们编写的这些工具书，不但出版时间早了 30 年甚至半个世纪，而且是按英文字典的规范来编著的，对于研究方言词典史，是难得的重要材料。另外，有一些关于潮汕方言字典的错误看法，也因为有了这些外国传教士编写的字典而得到更正。例如，关于潮汕方言的 8 个调类，即平上去入，各分阴阳（或者称为“上下”），潮汕人从小得到的训练就是用 8 个例字来代表 8 个调类——“纷粉奋弗魂混份佛”、“司死四薛时是示蚀”分别代表“阴平、阴上、阴去、阴入、阳平、阳上、阳去、阳入”。在没有发现 19 世纪中后期的这些字典之前，我们一直以为这是“十五音”字典或者《潮汕字典》的发明。但当我们看到斐姑娘（A. M. Fielde）的《汕头话注音释义字典》前面的“Exercises in the Tone”（声调练习）里赫然出现这些例字时，我们不得不面对事实，改正此前的错误看法。现在看来，潮汕方言 8 个声调的练习例字，在老百姓中是早已有之的，外国传教士也只不过是吸收了本地人的智慧结晶而已。后来本地人编撰的字典，如陈凌千的《潮汕字典》等也继续沿用之，这 8 个调类也随着这些字典的广泛流传而为广大百姓所传诵。

（二）研究汉语方言史的宝贵资料

上述的教材和工具书基本上都对汕头话语音系统作了描述。此类书的描述都比较简单，但毕竟是用接近国际音标的拉丁文或者韦氏音标来记音的，能够比较接近当时的语音事实，可以帮助我们了解 19 世纪中后期的汕头音系的情况。将它们与现代潮汕方言语音系统进行比较研究，我们可以了解 100 多年来潮汕方言语音的内部发展情况。笔者曾发表《从〈汕头话口语语法基础教程〉看 120 年前的潮州话音系》（载《语言科学》2005 年第 2 期）一文，通过对《汕头话口语语法基础教程》正文之前的“Introduction”（简介）和之后的“List of Syllables Representing the Sounds Used in Pronouncing the Tie-chiu Dialect”（潮州方言音节表）进行研究，整理出120年前的潮州话音系，证明当时已经有18个声母（包括零声母）、15个鼻化韵母，有［an］/［at］、［ien］/［iet］、［uan］/［uat］、［en］/［et］、［un］/［ut］、［in］/［it］6对前鼻音韵尾韵母及与其相匹配的入声韵母。1913年出版的《潮声十五音》是模仿照搬漳州话的《彙集雅俗通十五音》而作，前后鼻音韵尾字已经混淆。而传教士工具书和教材记录前鼻音韵尾的存在，说明今天已经基本消失了的前鼻音韵尾韵母，是在这百年之间消失的。李竹青、李如龙曾据《英汉潮州方言词汇》撰《潮州方言语音的演变》一文[①]，也有所发现。

另外，词典和教材中的记音，有的多达5 000多个字（词）的，是100多年前的宝贵的记音材料。

在词汇方面，无论是Dictionary（词典）、Vocabulary（词汇集），还是口语教材，都有大量的19世纪中后期的潮汕方言的土话词语，是研究100多年前汕头方言词汇的宝贵资料。尤其是都有拉丁文记音和英文释义，对这些词语的音、义记录比较可靠。例如“*Handbook of the Swatow Dialect with a Vocabulary*”（《汕头方言词汇手册》）一书，全书一共14课：有的一课一个话题，有的几课一个话题。14课前面是“The Numerals”（数字），第一课是“Domestic”（家务），第二课是“General”（日常），第三、四、五课是“Do”（做），第六课是“Relationship”（亲属关系），第七课是“Opposites”（否定），第八课是“Monetary”（货币），第九课是“Commercial”（贸易），第十课又是“Do”（做），第十一课是“Medical”（医疗），第十二课是“Ecclesiastical”（基督教），第十三课是“Nautical”（航海），第十四课是“Judicial”（法律）。每一个话题下面，就是与该话题有关的词语的汇集，语料来自生活，丰富翔实，很有研究价值。

（三）研究外国人汉语（方言）学习史的好材料

北京外国语大学研究外国人汉语学习史专家张西平教授认为：

---

① 李竹青，李如龙．潮州方言语音的演变［A］．郑良树．潮州学国际研讨会论文集［M］．广州：暨南大学出版社，1994. 181.

“明清之际的中西文化交流，是由入华的耶稣会士来充当媒介的，晚清时期中西之间的政治和经济关系凸现，但其间基督教新教传教士仍充当着重要的角色。因而，对西方人早期汉语学习史的研究是不可能绕开宗教的。换句话说，明清时期，无论是中国人早期的对外汉语教学史，还是西方人早期的汉语学习史，都是同中国基督教史紧密联系在一起的。若不从宗教学的研究方法入手，了解明清中国基督教史，那就很难讲清这一时期西人学习汉语的基本特点及西人学习汉语起伏涨落的原因。”上述工具书的编写目的和用途正好证明了张西平教授的观点，工具书的编写者的传记都强调到粤东来传教，首先必须“习悉口音”（这个“口音”当然是粤东当地的口音，也即当时的潮汕话）。所以，威廉·耶士摩牧师甫抵角石（今作“礐石”），便开始学习潮州话。斐姑娘也是这样，“舟至汕头，居角（石）任事”，便“一方习话，一方布道”。我们可以相信，传教士们在全国各地传教，他们学的都是当地的方言，当然也包括北方方言。所以，全国各地方言区几乎都保存有外国传教士们编写的这类英文版的汉语方言工具书和教材，还有用拉丁文拼音翻译的方言版《圣经》。[①] 其中尤以上海话和闽方言居多，著名方言学家黄典诚先生在《试论福建方言拼音化的传统》一文中说：“基督教的一种革新精神是用方言拼音文字传播‘福音’。西洋传教士一到中国方言最复杂的省份福建，对于方言拼音感到更加迫切需要，于是他们中的若干‘有识之士’先后为福州、厦门、莆仙、建瓯等地方沿用罗马字母设计了地方拼音文字，用来编写教材、工具书和翻译《圣经》。”[②]

其实，不单是福建或者广东，在全国各地的方言区，都有这类方言工具书和教材存在。准确地说，这些工具书和教材，就是外国人学习汉语方言的确凿证据，对于研究外国人的汉语学习史确实是不可多得的好材料。而在把潮汕方言作为教学内容、编成正规的教材用于教学方面，19 世纪的这些英文版教材，也是开外国人编写教材学习汉语方言的风气之先。这种风气一直沿袭到 20 世纪的中后期。1992 年前后，我在汕头大学任教期间，有一位外教跟我学潮汕话，他带来的两

---

① 参阅游汝杰《汉语方言学教程》第八章“汉语方言学史概要”第三节“西洋传教士的方言记录和研究”。（游汝杰．汉语方言学教程［M］．上海：上海教育出版社，2004. 227 ~ 236.）

② 黄典诚．试论福建方言拼音化的传统［J］．泉州师专学报，1983（2）．

本教材是"*Spoken Swatow*（一）"（《潮语初步》）和"*Spoken Swatow*（二）"（《潮语进阶》），由 Alvin D. Koons 编写，1967 年由香港美国巴色会交由 Sun Chow Printing Co., Ltd. 印行。这两本教材与 100 多年前的教材几乎差不多。[1]

（四）研究粤东宗教传播史的重要资料

这些书基本上都是教会编写给传教士看的，有的是经过教会的传教士们几十年的积累修订才编成的。在《汕头话注音释义字典》中，对于" Arranged According to Syllables and Tones"（按音节和声调排列）专门有个说明："To those who are to come into the American Baptist Mission at Swatow as bearers of the Gospel of Christ to the Tie – chiu people."（这本书是专门为那些到汕头美国长老会来为潮州人民传播福音的人们所编写的）这些书的出版，是作者，同时也是传教士们为传教而做的一件长期而十分艰辛的工作。通过这些书的序言或者跋语，我们能够了解当时他们在粤东所进行的传教活动。如果把这些资料与专门的基督教档案材料相印证，更是粤东宗教史研究的硬材料。例如，关于《汕头话口语语法基础教程》的作者威廉·耶士摩牧师，岭东浸会干事局 1932 年 6 月出版的《岭东浸会七十周年纪念大会特刊·传史之部》记载："目为霖牧师（即威廉·耶士摩牧师）西历一八七五年，由美抵角（石），习悉口音，即事布道。初在潮州宣教六年，继自转机创业客属揭阳门口岭，略有教民。……越二年，回美休息。一九零五年，重到中国，不居门口，而居角石。传道于此，光阴五载，解组回美。"按此材料，威廉·耶士摩牧师第一阶段在粤东待了 8 年，《汕头话口语语法基础教程》1884 年出版，正是威廉·耶士摩牧师在这 8 年里一边"习悉口音"，一边编写字典和教材的成果。又如《岭东浸会七十周年纪念大会特刊·传史之部》关于《汕头话注音释义字典》作者 A. M. Fielde 的记载为："（西历一八六一年）斐姑娘（即 A. M. Fielde）由美莅暹，……居诸迭运，不觉光阴六载，已而买舟回美，休息两年。益知使命之重要，更向中国而遄征。舟至汕头，居角（石）任事，一方习话，一方布道。……最奇者，天才卓越，学力优长，译著《圣经》杂册单张等，以资布道。编辑字典、辞

---

[1] 这位外教朋友后来到香港读了博士，现为汕头大学英语教学中心主任。

源语学等，惠嘉后进。……姑娘莅潮共十二年余……”字典和教材的存在，证明传记不谬。而斐姑娘“一方习话，一方布道”的方法，也是传教士所共同的。它为我们解开了外国传教士对操潮汕方言的教民传道所使用的语言工具是潮汕话而不是英语之谜。根据我们现在发现的材料，斐姑娘在汕头的著述，还有“*Pagoda Shadows—Studies From Life in China*”（《佛塔之影——中国生活研究》）、“*A Corner of Cathay—Studies From Life Among the Chinese*”（《中国一角——中国人生活研究》）和“*Chinese Fairy Tales*”（《中国神话故事》）等。这些中国生活素材和民间故事都是斐姑娘在粤东时采集并整理出版的，而且多次再版，我们现在看到的“*Pagoda Shadows—Studies From Life in China*”是1886年在美国波士顿出版的第五版，“*Chinese Fairy Tales*”是由The Knickerbocker Press于1912年在美国纽约和英国伦敦同时出版的第二版（首版出版于1893年，书名叫“*Chinese Night' Entertainment*”）。由此可见，斐姑娘所编著的大型字典之所以是我们现在看到的外国传教士的字典里面编写最规范、收字最多的，原因是她在传教的同时，长期采集民间故事和生活素材，语料不仅丰富多彩，也比较接近现实。上述种种材料综合起来，是研究斐姑娘在粤东传教的重要材料，自然也是美国传教士在粤东传教历史的重要材料。

三、传教士编著工具书的缺点

外国传教士编写工具书的目的是给他们的同道使用。编写目的决定了编写的方法和语言工具。所以，在今天看来，它们也存在不少缺点。

第一，由于这些书的编写目的是服务于外国传教士，所以都是用英文编写的，汉语方言的例子用拉丁文译写，一些词典的词条也是英文或者拉丁文译写的方言词，这也就决定了这类书在粤东本地行之不远，发行量很少。我们搜集到的这些书，都来自国内外的著名图书馆，粤东民间到目前为止尚未看到，不像“十五音”字典一样深入平常百姓家，风行粤东及东南亚。

第二，这类字典和教材中有不少错讹之处。斐姑娘的《汕头话注音释义字典》算是有突破的，用了汉字作为字头，但其中有不少字的音、形对不上号，这些都是这类书籍的缺点。另外，这些字典多数是由多人积累传写而成的，他们对记音对象也不可能进行规范的选择。所以，字典和教材所反映的音系也是潮汕方言的大杂烩，不能当成某个具体的代表点的音系来看，尽管字典或者教材都写明“Tie－chiu”（潮州）或者是“Swatow”（汕头）。

当然，如果考虑到这些书的编著者是外国人，编写的意图也是给那些以英文为母语的传教士们看的，自然也就不必苛求了。

紛 hun	粉 hún	奮 hùn	弗 hut	魂 hûn	混 hŭn	份 hūn	佛 hût
刀 to	短 tó	戴 tò	卓 toh	逃 tô	在 tŏ	袋 tō	擇 tôh
低 ti	抵 tí	帝 tì	滴 tih	池 tî	弟 tĭ	地 tī	碟 tîh
司 si	死 sí	四 sì	薛 sih	時 sî	是 sĭ	示 sī	蝕 sîh
貞 ceng	腫 céng	政 cèng	則 cek	嘗 cêng	靖 cĕng	cēng	澤 cêk
心 sim	審 sím	沁 sìm	濕 sip	忱 sîm	甚 sĭm	sīm	習 sîp
溫 un	蘊 ún	搵 ùn	鬱 ut	紜 ûn	[illegible]	運 [illegible]	[illegible] ut
烘 hang	罕 háng	漢 hàng	謁 hak	韓 hâng	限 hăng	巷 hāng	學 hâk

《汕头话注音释义字典》的声调训练例字

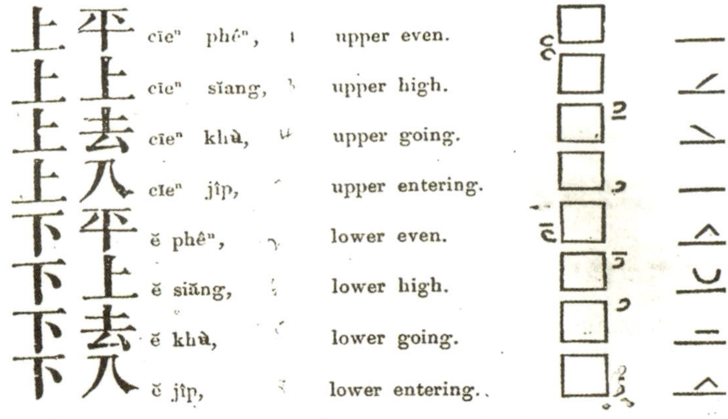

上平	cie^{n} phê^{n},	upper even.
上上	cie^{n} sĭang,	upper high.
上去	cie^{n} khù,	upper going.
上八	cie^{n} jip,	upper entering.
下平	ĕ phê^{n},	lower even.
下上	ĕ siăng,	lower high.
下去	ĕ khù,	lower going.
下八	ĕ jip,	lower entering.

These names do not express the relative sounds of the tones, but appea be purely arbitrary. Words in the entering tones always end in the soun

《汕头话注音释义字典》的声调表示法

附录：林伦伦主要著作

一、学术专著[①]

1.《广州人学讲普通话》（与李新魁、麦耘教授合著），北京：语文出版社，1988；

2.《潮汕人学习普通话手册》，汕头：汕头大学出版社，1989；

3.《潮汕方言与文化研究》，广州：广东高等教育出版社，1991；

4.《潮汕方言词考释》（与李新魁教授合著），广州：广东人民出版社，1992；

5.《古诗文别称词与中国文化》（与朱永锴教授合著），广州：暨南大学出版社，1993；

乐此不疲：林伦伦的一部分著作

① 作者另有地方方言与文化研究学术论文100多篇，篇幅所限，在此不罗列。

6.《中国的言语禁忌和避讳》（与王伟深合著），香港：中华书局，1994；

7.《广东闽方言语音研究》（与陈小枫合著），汕头：汕头大学出版社，1996；

8.《澄海方言研究》，汕头：汕头大学出版社，1996；

9.《潮汕方言与普通话》，汕头：汕头大学出版社，1996；

10.《广东方言与文化论稿》（与潘家懿教授合著），北京：中国文联出版社，2000；

11.《地名学与潮汕地名》，香港：艺苑出版社，2001；

12.《潮汕文化大观》（与吴勤生等合著），广州：花城出版社，2001；

13.《流行语漫谈》，广州：花城出版社，2003；

14.《广东方言志》（与高华年教授等合著），广州：广东人民出版社，2004；

15.《粤西闽语雷州话研究》，北京：中华书局，2006；

16.《新编说文解字》（与梁东汉教授等合著），太原：山西教育出版社，2006；

17.《粤东南澳岛方言语音词汇研究》，北京：中华书局，2007；

18.《潮汕民俗大典》（与叶春生等合著），广州：广东人民出版社，2010；

“书山无路”勤为径：林伦伦的书柜一角（林伦伦摄）

19.《新词语漫话》，广州：花城出版社，2012；

20.《潮汕方言：潮人的精神家园》，广州：暨南大学出版社，2012。

二、教材/工具书

1.《潮州话口语》（与黄章凯教授等合著，含录音带），广州：广东高等教育出版社，1990；

2.《潮州话一月通》（与朱永锴教授合著，含录音带），广州：海燕出版社，1995；

3.《潮州话入门》（含录音带），汕头：汕头大学出版社，1998；

4.《潮州话入门》（含音碟），槟榔屿：国际潮团联谊会常设秘书处、马来西亚潮州公会联合会，2012；

5.《书信礼貌文雅用语词典》（与朱永锴等教授合著），广州：广东高等教育出版社，1993；

6.《潮汕方言熟语辞典》，深圳：海天出版社，1993；

7.《新编普通话对照潮州音字典》，汕头：汕头大学出版社，1995；（1997 年再版）

8.《潮汕方言歇后语》（与陈国英先生合著），汕头：汕头大学出版社，1997；（2001 年再版）

9.《普通话对照潮汕话学生常用词典》，汕头：汕头大学出版社，1999；

10.《现代汉语新词语词典 1980—2000》（与朱永锴教授等合著），广州：花城出版社，2000。

饮露餐英（麦耘篆刻）

乐此不疲（麦耘篆刻）

后记：乐为乡亲著文章

大概20年前，我写了一篇介绍我家乡澄海籍的语言学家们研究潮汕方言的小文章，标题是“乐为乡音著文章”，与这篇后记的标题只有一字之差。但就是这一字之差，却反映了我30年来研究方言的心路历程的变化。

非常有趣的是，第一本潮语“十五音”著作——《潮声十五音》的作者张世珍先生，第一本潮语的部首笔画字典——《潮汕字典》的作者陈凌千先生，中山大学著名的方言学家黄家教教授，以及音韵学家、方言学家李新魁教授竟然都是澄海人。在潮汕本地研究方言比较有成就的还有余流先生和王永鑫（王笑）先生，他们也都是澄海人。我不知道澄海的其他读书人对方言研究情有独钟的原因是不是文化传统的一脉相承，但我清楚地知道，我走上方言研究的道路，肯定是星桥师（李新魁教授）引导的。

入学30年后回到中山大学中文堂（摄于2008年）

记得大二下学期的时候，随中文系77级的师兄陈海鹰（后来他成了我的大舅子）一起去拜访星桥师。师问：“你这一年多来都读些什么书?”我老老实实地回答：“读了几十部中外名著，因为入学前看不到这些书。”师又问：“毕业后想做什么事?”我不假思索地说：“当老师。”因为我早就想好了，这一辈子当个老师，安安稳稳地过日子。师笑云：“如果这样读书下去，可以去工人文化宫当故事员，因为你读了很多小说。”我愕然。师笑着开导：“既然选择当老师，那就要照着当老师的要求去选择读书。”我这才顿然觉悟。于是，此后每月登师门一次，老师开出书单，我照单读书，并口头汇报读书心得。大四时，本科毕业论文也就自然而然地选择了研究澄海话的题目，指导老师当然就是星桥师了。就这样，我就跟着老师走上了方言研究的“不归路”。

李新魁教授与他的学生们：右1林伦伦；右2麦耘（现为中国社科院语言研究所《方言》杂志主编，教授，博士生导师）；左1沈建民（现为华南师范大学中文系教授，博士）（摄于1984年）

林伦伦与他的硕士生导师高华年教授及师母植符兰女士（摄于2008年）

当然，当老师也好，研究方言也罢，一开始也不过是为了生活而已，就像我在一首诗里写的："读书本为谋稻粱。"1985年研究生毕业后，我进了汕头大学，梦想成真，当了老师。这时觉着应该有进取心，要努力奋斗，这便有点"入世师儒求闻达"的功名目的了：想评高一级的职称，要申请省部级的科研项目。于是，我潜心研究，而且目标明确，主攻《中国语文》和《方言》等权威杂志。从1991年开始到以后几年，成果终于"爆发"：连续在以上杂志发了几篇论文，在其他杂志发表的论文也有不少被《中国高校文科学报文摘》和中国人民大学资料中心的《语言文字学》转载。1994年，凭着研究潮汕方言语法的三篇系列论文获得了"中国社会科学院青年语言学家奖"，《潮汕方言与文化研究》一书获得"广东省哲学社会科学优秀成果奖"，《潮汕方言形成的历史过程》一文获得"广东省中青年学者人文社科研究优秀成果奖"，《潮汕方言词考释》一书获得"潮学研究"特等奖。

然而，30年"研究"下来，现在却有点"想法"：发表于《方言》杂志的那些论文，满篇的国际音标，除了专家学者看得懂之外，家乡的父老乡亲又有哪一位能读懂那些"豆芽韭菜"？回头看看我主编的《新编普通话对照潮州音字典》，1995年出版以来，一版再版，每年都翻印，现在的印数也该有10多万册了。那本很通俗的《潮汕方言熟语辞典》自1993年出版以来，也是一印再印，现在已经一书难求了。但这两本东西，评职称、报项目是派不上用场的，因为不能"被定性"为"学术专著"。作为文化教育工作者，作为方言学者，作为潮汕人，我在思考：为谋稻粱，为求功名而治学之外，为什么不能静下心来为自己的衣食父母、为家乡的父老乡亲做点事情呢？

于是，我下定决心，以后，尤其是花甲退休之后，我的努力方向就是为父老乡亲写书，写父老乡亲想看、有用，又看得懂、用得着的书和文章！因而，从选题到写作，学以致用、深入浅出、雅俗共赏成为我追求的目标和风格。最近，我在《羊城晚报》粤东版上连续发表了《潮州话：潮人的精神家园》等几篇文章，试着把学术论文散文化，我自己把它叫做"学术散文"。没曾想这些文章反响热烈，影响颇大，潮汕三市的报刊，还有涉"潮"的网站几乎都对其进行了转载。这充分说明：广大读者看得懂，也爱看。所以，写这本书的时候，我就沿着这条路来走了。这本小册子主要写的是群众最容易看得懂的

潮汕方言词汇，是一本给普通读者看的书，把书名定为“潮汕方言：潮人的精神家园”，尽量文学化一些。我找出潮汕方言词汇中有价值的、群众以前一知半解的东西来写，而且努力把它写得通俗易懂，能够“咀破”，使读者读后有“原来就是这样啊”的体会和感叹，收到“咀破无酒食”的效果。为了达到这个目的，我在每一章的前面，都写了一节千把字的散文化的“导语”，对该章的内容作了概括。每写完一章，就让我太太作为非专业读者的代表，先读一遍，问她哪些地方看不懂，我再改。她说有些字光用《潮州话拼音方案》注音还看不懂，我就加注潮音同音字或者反切。诸如此类，不一而足。

这本书只有10多万字，但“毛坯料”超过100万字。这些资料，不少是我的硕士研究生杜奋、余森河帮忙收集整理的。在北京大学中文系与我学同一专业的女儿林晴也常常帮我在网络上搜查资料，关于外国传教士编写的工具书等资料，都是她从北京国家图书馆收集到的。不少“十五音”字典，是陈景熙博士等潮学网的朋友们帮我收集到的。所以说，虽然这本书只署我的名字，却是我们一家子和师生们共同努力的结果，我要感谢大家对我的帮助。

末了，还要感谢暨南大学出版社徐义雄社长、暨南大学出版社教育分社张仲玲社长和胡艳晴编辑。一是因为我杂务缠身而延误了交稿的时间，是他们以宽广的胸怀包容了我的拖沓；二是这本书有不少方言俗字、难僻字和拼音，从编辑到校对都要花费较多的精力，是他们以精益求精的精神把它做到最好。还要感谢韩山师范学院的李南年同学，他为本书专门拍摄了插图的照片（署名者除外），使全书能够图文并茂。

谢天谢地，书稿终于杀青了！我仰天长啸，不是因为感慨，也不是因为高兴，而是要活动活动死硬死硬的脖子和直不起来的老腰。连续奋战了一个多月（包括除夕夜和大年初一），别的地方没累坏，就是这伤不起的“老久积”的颈椎和腰椎，酸痛死了！

龙年元宵于广州野猪林